ノンフィクションライター
中澤まゆみ

おひとりさまの終《つい》の住みか

自分らしく安らかに最期まで暮らせる高齢期の「住まい」

築地書館

序章

高齢期の住まいとは？

高齢期の生き方を考えるとき、「住まい」の問題はどうしても避けて通れない。私たちはどこでどんなふうに暮らし、どこで死んでいくのか。高齢期の住まい方には、やがてやってくる「死」への視点が欠かせない。それとともに欠かせないのが、そこに至るまでの長い長い「老後」への視点だ。

かつて都市部の住人が考えた理想の「終《つい》の住みか」は、郊外の庭付き一戸建てのマイホームだった。社会人になって親元を離れ、アパートで新生活をスタートし、結婚したら交通の便のいい分譲マンションへ。そして、子どもが大きくなると環境などを考えて郊外の一戸建て住宅に落ち着き、そこで孫に囲まれながら老後を迎える……。それが「住宅双六《すごろく》」（典型と信じられてきた住宅の住み替えパターン）のアガリとされてきた。

しかし、核家族化と高齢化が進むとともにその概念が揺れてくる。「老後の世話」をしてくれるはずの子どもたちはアテにできなくなった。子どもたちが家に寄り付かなくなれば、広い家はもてあましものと化す。2階家では家の階段を上り下りするのがだんだんつらくなるし、伴侶が先に旅立ちおひとりさまになれば、とくに男性の生活は一気に不便になる。

加えて、いまや「人生１００年」時代。寿命が延びれば、介護や医療のお世話になることも増えてくる。高齢期の住まい方には、**そうした「長い老後」のこと**も考えに入れていかなければならない。

高齢者と呼ばれる65歳以上の人口は3000万人を超えた。高齢化率も25％を超え、4人に1人が高齢者という社会。団塊の世代が「後期高齢者」（75歳以上）の仲間入りをする2025年には、3人に1人が高齢者、その約4割がおひとりさまになると推計されている。高齢者の数が増えれば医療と介護のニーズも急増し、死亡する人の数も当然ながら多くなる。

そこで問題になってくるのが「人生の終わり」を迎える場所。日本では8割以上の人が病院で亡くなり、自宅で最期を迎える人は1割程度という時代が続いてきた。ちなみにオランダやスウェーデンでは、病院での死亡は3〜4割、ケア付き施設が3割、自宅で亡くなる人は2〜3割と、病院を死に場所とする高齢者の割合は日本の半分に満たない。

しかし、「元気なうちは自宅、入院や介護が必要になったら病院か施設」というこれまでの高齢期の「住まい方」は、これから大きく変化していくことになる。背景にあるのは、増え続ける医療費と介護費を削減するために、国が推し進めている**「病院から在宅へ」「施設から在宅へ」の流れ**だ。

2014年4月に改定された医療保険の「診療報酬」には、今後の「超高齢・多死社会」に備える見直しがいくつも盛り込まれた。医療保険の利用者が自宅や高齢者住宅、施設で暮らすことを基本とし、**「ときどき入院、ほぼ在宅」**と新聞が呼んだ、入院が必要でも極力短期間とする方向がますます進んでいく。

2015年に改定される介護保険では、特別養護老人ホーム（特養）への入居基準が従来の要介護1から要介護3へと引き上げられることになった。特養には重度の人が多いとはいえ、介護度の低い人については、自宅と高齢者住宅を含めた「在宅」へと誘導されつつある。

しかし、その受け皿はどうなのか。急激な「病院から在宅・施設から在宅」への転換の中で、このままでは人生の最期を穏やかに迎えられる「死に場所」が確保できるのだろうか、と不安を持つ人は増えている。

あなたにとって「終の住みか」とは？

この本を書く前に、シニア世代の人たちに「あなたにとって、終の住みかとは？」という質問をしてみた。もっとも多かったのが「最期のときまで安心して住める場所」「安心して死ねる場所」という答えだったが、明確なイメージを持っていない人も少なからずいた。

多くの人は、介護や医療が必要になっても自由気ままな生活ができる自分の住まいで、できるだけ長く暮らしていきたいと思っている。いろんな調査を見ても「できれば最期まで自宅で」という人は6割以上いる。

団塊世代が高齢者の仲間入りをしたことを受け、この世代の意識調査を初めて盛り込んだ内閣府の「平成25年版高齢社会白書」では、団塊世代の約7割が「今、住んでいる家に住み続けたい」と答え、「今、住んでいる家に住み続けるためにリフォームしたい」を加えると**8割以上の人が「最期まで自宅」**

志向を示していた。ちなみに団塊世代の持家率は86％と、高齢者の持家率81％を上回っている。

この意識調査では、回答者の約8割が「健康」と答えていた。だが、60代、70代では健康でも、80代になると医療や介護の必要な人が増えてくる。**からだが老化すれば自宅がバリアフリーならぬバリアフル**になる。認知症が進めば生活管理がむずかしくなる。老々夫婦やひとり暮らしの家庭では生活が不安になるなど、年を取るとともに自宅生活を困難にする要因も増えてくる……。

今は元気でも、いずれは他人の手を借りて生活する日がやってくる。最期まで自分らしく暮らしたいと思うのなら、そのときに備え、元気なうちから、どこなら安心して住め、どこなら安心して死ねるのか、**「住まい方」と「しまい方」**を自分自身のテーマとして考えていく必要がありそうだ。

高齢期の「住まい」、増える選択肢

高齢期の住まい方は、大きく3つに分けることができる。

①最期まで自宅で生活をする、②できるだけ自宅に住み続け、自宅で暮らせなくなったら介護付きの施設や高齢者住宅に移る、③早目に高齢者住宅に移り、必要なサービスを受けながら暮らす。

とはいえ、選択はそう簡単にはいかない。住まい方を選んだつもりでも思いは揺れるし、**高齢期になればなるほど予期せぬことも起こる**からだ。数年前から機会があるたびに在宅訪問医に依頼し、往診に同行をさせてもらっている。高齢者住宅や施設も足しげく訪ね、入居者の話を聞いた。自宅療養をする人のお宅は150軒以上を訪問したが、実にさまざまな住まい方があった。

介護を機に自宅をリフォームし、家族に囲まれながら療養生活を送っている人もいた。いっぽう、おひとりさまや老々介護の夫婦では不自由な自宅をそのまま使っている人が多く、中には脳梗塞による片麻痺や糖尿病などで歩行障害をもったために、エレベーターのない古いマンションの3階、4階から降りられなくなってしまった人もいた。そんな現状を見ると、自宅に住み続けるためには、ある程度の準備が必要だと思い知らされる。

高齢者住宅に住み替える人の考え方もさまざまだ。高齢者住宅への入居を考える時期は80歳を超えてから、という人が圧倒的だが、60代で有料老人ホームに住み替えたおひとりさま女性の話も何人か聞いた。

美穂子さん（70歳）は離婚を機に62歳で郷里に戻り、母親の暮らす介護施設の近くの有料老人ホームに入居した。母親を看取ったあとは病院のボランティア、趣味の英会話、旅行などを楽しみながら、ホームを自宅として暮らしている。

同じく離婚組の美和さん（65歳）も慰謝料を元手に早ばやと、東京からそう遠くないリゾート地の有料老人ホームに入ることを選んだ。定年まで続けていた仕事を生かしてまちおこしにかかわるかたわら、農園グループに入って野菜づくりも楽しんでいる。

ずっとおひとりさまの千夏さん（61歳）は、退職金をつぎ込んで東京の下町から大好きな京都の有料老人ホームに移り住んだ。今は毎日のように京都の散策を楽しんでいるが、まだ友人がほとんどいないので、これからは友人づくりが課題になってくる。

こうした女性に共通するのは、やがてやってくる介護を早くから視野に入れていること。ホームには介護フロアがあり、介護状態になったらそこに移ることができるが、できれば今の部屋で死にたいというのが3人の希望だ。そういう意味では彼女たちは「最期まで在宅」派と言えるかもしれない。

しかし、高齢者住宅への住み替えはうまくいかないことも多い。とくに問題になるのが、ひとり暮らしが困難になったときの「住まい」として、国が「早目に住み替えを」と勧めているサービス付き高齢者向け住宅（サ高住）だ。

サービス付き高齢者向け住宅や住宅型の有料老人ホームのサービスは、「見守り」と食事提供を含む**介護以外の「生活支援」のみ**で、医療と介護については「自宅」と同じように自分で選択し、依頼するのが基本となっている。しかし、「サービス」に介護が含まれていない、ということを理解している人は少ない。

こうした高齢者住宅については第2章で詳しく触れるが、「わかりにくさ」に加え、「これが暮らしの場？」と言いたくなるような部屋の狭さや、基本的な見守りと生活支援サービスのばらつき、さらには地域コミュニティとの断絶など、そこが「終の住みか」になるためには多くの課題がある。

いっぽう、カテゴリーとしてはサービス付き高齢者向け住宅や住宅型有料老人ホームでも、自分たちの理想の「終の住みか」をつくろうと取り組む人たちも増えてきた。最期まで住めるグループリビングや、多世代型共生住宅も少しずつだが広がっている。

そういう意味では、高齢期の「住まい」の選択肢は増えてきた。あとは、どうやって自分が「安心して死ねる」住まいを見つけることができるかだ。

「住まい方」、2度の選択期

高齢期には「自立期」と「介護期」の2回、住まい方を選択する時期がやってくるといわれる。多くの人が高齢期の住まい方を最初に考え始めるのは、「定年」の声を聞き始めたころ。この時期はまだまだ元気でからだも自立しているので、介護のことはあまり視野に入れないまま、「定年後の住まい」を考える人が多い。

その土地で生まれ育ち、愛着のある自宅にずっと住み続けたいと思う人は、家のリフォームや、2世帯住宅への改築を考えたりするだろうし、地域にそれほど愛着のない転勤族は田舎への住み替えや、逆に便利な都会のマンションへの住み替えを考えるだろう。

そして、「からだの不安」を感じるようになると、「ここにずっと住み続けることができるのだろうか」という第二の選択の時期がやってくる。買い物・通院などの外出は不自由なくできるのか、家はバリアフリーになっているか、近所や地域とのつながりはどうか……など、元気なときには考えたこともないことが問題になってくる。

有料老人ホームや高齢者住宅、介護施設などに住み替えをする場合も、高齢になればなるほど順応性がなくなるため、若いときのように「新天地で第二の人生を」と簡単にはいかない。「住み替え」のタイミングも、元気なうちからする「早目の住み替え」と「介護が必要になってから」のふたつがあるだろう。早目の住み替え先で大切なのは、「自立した生活」を楽しめることと「安心感のある暮らし」が続けられることだが、介護が必要になってからの住み替え先では、それに加え、「ケアの質」も大切になってくる。

もうひとつ大切なのは、たとえ施設であっても、最期まで安心して「自分らしい生活」が続けられることだ。20年以上前のことだが、「人が主（あるじ）と書いて住（すまい）という」という建設会社のコマーシャルがあった。

本書では、第1章を「自宅で最期まで」として、自宅でずっと生活し続けるためのノウハウを、第2章の「高齢者住宅に住む」では高齢者住宅の選択肢を、第3章「介護施設に住まう」では介護保険で利用できる施設を、そして第4章「ともに暮らす」では新しい高齢期の住まいを紹介しながら、高齢期の「住まい」のあり方を考えてみた。

高齢者住宅であろうと施設であろうと、そこが「居住者自身が主（あるじ）となる住まい」であり、「暮らしの場」になっているかどうか。人が安らかに生涯を終えるための「終の住みか」には、そうした視点が求められている。

住まい探しの選択肢

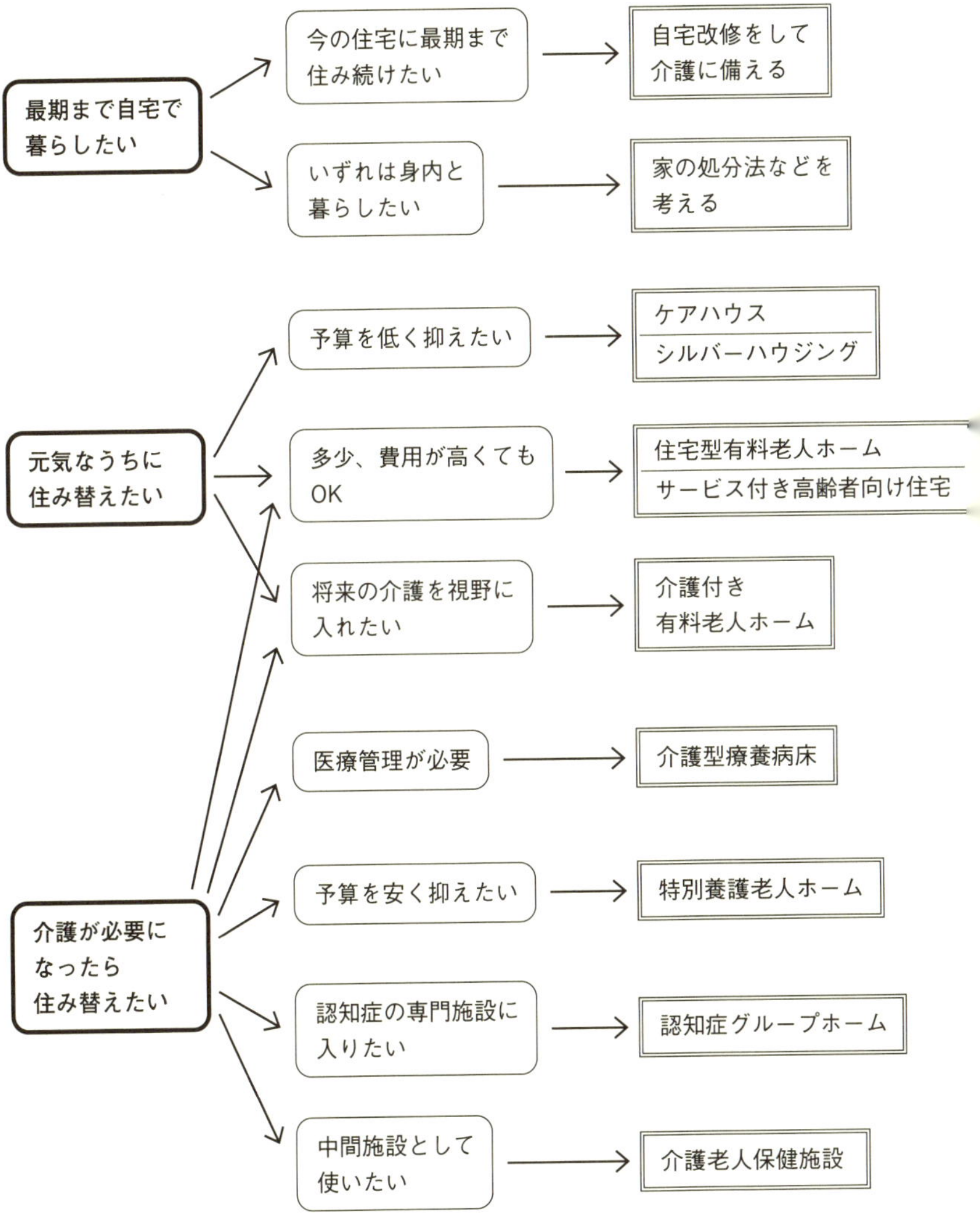
最期まで自宅で暮らしたい
今の住宅に最期まで住み続けたい
自宅改修をして介護に備える
いずれは身内と暮らしたい
家の処分法などを考える
元気なうちに住み替えたい
予算を低く抑えたい
ケアハウス
シルバーハウジング
多少、費用が高くてもOK
住宅型有料老人ホーム
サービス付き高齢者向け住宅
将来の介護を視野に入れたい
介護付き有料老人ホーム
介護が必要になったら住み替えたい
医療管理が必要
介護型療養病床
予算を安く抑えたい
特別養護老人ホーム
認知症の専門施設に入りたい
認知症グループホーム
中間施設として使いたい
介護老人保健施設

おひとりさまの終の住みか　目次

序章

第1章　自宅に住み続ける

第2章 高齢者住宅に住む

第3章 介護施設に住まう

第4章　ともに暮らす

第1章
自宅に住み続ける

「住み慣れた家で最期まで」の条件は？

厚生労働省が発表した２０１３年の国民生活基礎調査では、在宅で生活する要支援・要介護者の4分の1強がおひとりさまだった。また、介護者が同居する世帯では、75歳以上の後期高齢者同士による「〝超〟老々介護」世帯が3割近くを占めた。

団塊の世代が75歳になり、おひとりさまと〝超〟老々介護夫婦がますます多くなる２０２５年に向けて、国は「地域包括ケアシステム」を推し進めている。このシステムが目指すのは、介護が必要になっても住み慣れた自宅や地域で暮らし続けられるように、①住まい、②福祉・生活支援、③保健・予防、④介護・リハビリテーション、⑤医療の５つのサービスを、地域で一体的に受けることができる支援体制だ。

ここでは従来にはなかった**「住まい」の整備という視点**が、柱のひとつとなっている。ほかの要素に先立って「ニーズに応じた住まいの保障」を国が位置づけたのは、「福祉は住まいに始まり住まいに終わる」という考え方が、ようやく日本でも取り入れられるようになったからだろう。

介護家族はこれまで長い間、医療と介護がつながらず、「自宅か施設か」の選択のはざまで大変な苦労をしてきた。その意味ではケアが必要な人が住み慣れた地域で暮らし続けることができるように、住まいから医療・介護まで、５つのサービスをまるごと受けられるシステムが、それぞれの地域で必要だ。実際に「地域包括ケア」のシステムが回り、医療・介護・介護予防・生活支援が地域でつながってくれれば、「住み慣れた自宅で最期まで暮らしたい」という願いをかなえることも、今より現実的になってくるだろう。

とはいえ、現状では漠然とした不安を抱えながら、漫然と自宅での暮らしを続けているうちに要介護状態になる人が少なくない。高齢になると夫婦世帯でもどちらかが倒れたり、亡くなったりすることも多いので、住まいの環境整備に加えて、情報収集や地域の人とのつながりを、早目に築いておくことが大切だ。

とくにおひとりさまで自宅に住み続けるためには、そうした準備に加えて、それなりの覚悟も必要になってくる。

シニアの生活にはこんなトラブルが

「そのうちに」と思っているうちに、ある日、突然やってくるのが介護。都内の一軒家に住む稔さん（66歳）夫婦は、住み慣れたこの土地でずっと暮らし続けたいと思っていた。定年を機に築40年の家を改修しようと考えたこともあるが、稔さんが定年を延長し、妻の節子さん（65歳）も趣味の会などで忙しく飛び回っていたため、「まだいいか」と先延ばしししていた。

ところが、節子さんがある日、２階から扇風機を下ろそうとして階段を踏み外して転落、足を骨折した。複雑骨折だったため入院は長引き、退院したときには足が不自由になっていた。要介護認定申請をすると要介護2。台所にも立てない妻に稔さんはあわてふためいた。子どもはいるがみんな家庭をもっているので頼れない。介護などまだずっと先のことだと思っていたのに、こんなに早く妻の介護がやってくるとは……。

家庭内の事故死は年間1万5000人以上で、交通事故死より多い。しかも、その8割超が65歳以上。**高齢者の死亡事故のトップ3は、転倒・転落、入浴中の溺死、窒息**で、事故にいたる原因は節子さんのような転落と転倒が大半を占めている。

意外と多いのが小さな段差につまずいたり、床ですべったり、布団やコードに足を取られて転倒するなど、ちょっとしたことが原因の事故。浴室での転倒も多く、動きが鈍くなるためドアなどにぶつかったり、はさまれたりしてケガをすることも少なくない。

以前、稔さん夫婦がリフォームを話題にしたときには、転倒のことなど考えてもみなかった。耐震工事や、電磁調理器がついたシステムキッチンの導入、浴室の改造といった、元気な老後を楽しむための設備を考えていただけだ。

まだ60代の節子さんにもこんなことが起こるのだから、高齢になればなるほど、暮らしの中の危険性は高くなってくる。おまけにいくら住み慣れた自宅でも、子どもたちが独立すればその広さが問題になる。浴室などと部屋の温度差もこたえるようになるし、体調も崩しやすくなる。使っていない部屋の掃除や庭の手入れも大変だ。庭の手入れがいやになって「住み替え」をしたという人には、実際、何人も会った。

自宅をリフォームする

助成や減税制度を賢く使う

自宅に住む人に、老後の住まいの不安点を聞いた調査がある。それによると、1位は「住まい全体の老朽化」、次いで「設備の老朽化」、「地震が心配」、「バリアフリー仕様ではない」、「維持管理にかかる経費」だった。

高齢者住宅に詳しい専門家に聞くと、「在宅」に関する関心は高まっているのに、住宅改修への関心はまだ薄いという。とくに一軒家では気がついたら、簡単には改修ができないくらい古くなっていて、仕方なくマンションや有料老人ホーム、サービス付き高齢者向け住宅に移り住む人も少なくない。

自宅に住み続けるためには、改修が困難になるほど古くなる前に、住宅整備（ハード）と見守りを含めた生活と介護整備（ソフト）の両面を準備しておくことが必要だ。

ハード面の住宅整備では元気なうちに自宅の不便な部分を改修し、ソフト面の生活・介護整備では、介護保険制度をはじめとする行政の高齢者サービスや、近隣で利用できる生活支援サービスなどを調べておく。そして、困ったときに助けてもらえるように、隣近所や地域のつながりをつくることも大切な要素となる。

高齢期の住宅改修は、介護を受ける人が実際にいて、すぐに自宅を介護対応にしたい場合のリフォームと、介護状態にならないための動きやすさを考えながら将来の介護に備え、介護がしやすい家にすぐ転換できるようにする、介護準備型のリフォームの2種類に分けられる。

将来を視野に入れたリフォームでは、「家や設備の老朽化」「耐震」「バリアフリー」「経費節減」など、今の家の不安を大枠として軽減することが課題となる。建築時期の古い住宅では耐震性が不十分な場合も多い。とくに**旧基準で建てられている1981年5月31日以前に着工した住宅**は、耐震診断と耐震リフォームの検討が必要とされている。

こうした住宅については、多くの市区町村や都道府県では耐震診断や補強工事への補助金を用意している。たとえば東京都では、同期以前に着工した平屋か2階建ての木造の戸建て、長屋建て、共同住宅、店舗等併用住宅で、無料耐震診断を受けたうえで必要と認定されリフォームをする住宅に関して、工事費上限100万円などの助成を各区を通じて行っている。また、耐震リフォームをすると**所得税、固定資産税の減税制度**が受けられる場合もあるが、制度や補助金額は市区町村によってちがうので確かめたい。

施行主が65歳以上であれば、「設備の老朽化」や「バリアフリー」「省エネ」のためのリフォームに関しても、助成や減税制度がある。助成には、①全国一律で支給限度基準額20万円の9割が支給される、介護保険による**要介護・要支援者対象の「住宅改修費支給制度」**と、②そこに**上乗せして利用**

できる都道府県や市区町村独自の助成がある。「バリアフリー」と「省エネ」のためのリフォームでは、「耐震」と同じように減税制度も利用できる。

②の自治体独自の助成は名称も助成金額も異なり、たとえば東京都の「高齢者自立支援住宅改修給付事業」では、要支援認定者以上を対象とした「住宅設備改修給付」に加え、要介護・要支援認定者以外でも利用できる限度額20万円での「住宅改修予防給付」もある。

「住宅改修予防給付」は手すりの取り付け、床段差の解消、滑り防止などに限られているが、東京都の場合「住宅改修給付」では浴槽の取り替え工事の限度額が37万９０００円、流し、洗面台の取り替え工事の限度額が15万６０００円、便器の洋式化工事が限度額10万６０００円。さらに都内では独自に高額なホームエレベーターや階段昇降機を助成している市区もあり、非課税世帯では負担なしの場合もあるので、役所でチェックしてみるといい。

しかし、自治体独自の助成は地域格差が大きい。横浜市の「高齢者住環境整備事業」では用途は自由で１００万円の上限だが、大阪市の「高齢者住宅改修費給付事業」では、課税段階によって3万～30万円ときびしい助成となっている。リフォームを考える場合は、こうした助成があることをまず知り、自分の住む自治体について調べておきたい。

■自治体の助成制度を知るには

◎一般社団法人　住宅リフォーム推進協議会

・地方公共団体における住宅リフォームに係わる支援制度検索サイト
http://www.j-reform.com/reform-support/
・各地の「住宅リフォーム推進協議会」
http://www.j-reform.com/chiiki/list.html

定年後の改築は「介護」を視野に

定年を機会に家の建て替えや改修を考える人は少なくないが、「自分の体力や気力に衰えがくる」「自分が介護を受けるかも」という意識をもたないまま施工をしてしまうと、あとで思わぬ後悔をすることもある。

親の代から東京に住む綾乃さん（75歳）は、両親からもらった家を20年前に建て替えた。「老後を快適に暮らせる家をつくりたい」と相談会で勉強していたところ、そこで出会った設計士の口車に乗せられ、子どもたちがもう家を出ているのに、40坪の土地に当時流行っていたコンクリート打ちっぱなし鉄筋3階建ての住宅を建ててしまった。

綾乃さんは自分なりにいろんな注文を出した。しかし、設計士は返事だけはよかったものの、完成したのは見栄えはいいが、高齢者が住むという視点のない不便で寒々しい家だった。しかも、設計事務所が1年後につぶれたので、文句も言えない。

当時は母親が同居していたので、1階は母親の生活の場、2階が夫婦の寝室と浴室、3階が居間とキッチンという間取り。しかし、数年後、母親が亡くなったあと1階は物置と化した。子どもたちも自宅に置けないものをどんどん運んでくる。**定年後の建て替えならもう少しコンパクトでもよかったのに……**と思ったが、あとの祭りだった。

1年ほど前、膝と股関節に強い痛みが出て、階段の上り下りがきつくなったのをきっかけに、綾乃さんは老後の住まい方を真剣に考え始めた。ここで暮らすか、住み替えか。在宅介護や医療についての講座にも何度か通い、子どもたちと相談して自宅に住むことをいったんは決めたが、今もこころは千々に揺れている。

夫は相談しても「病気になったら入院するからいい」と言うばかりで、頼りにならない。家を売って住み替えることも考えた。だが、父の遺言で半分は息子の土地になっている。そうなると売っても、夫婦ふたりで有料老人ホームに入る資金には足りない。

住んでいる区には助成制度があると聞いたので、介護状態になったらそれを利用してホームエレベーターか階段昇降機を設置するということも想像してみたが、それまでの期間、痛みを抱えながら階段の上り下りをすることを考えるとゾッとする。

今、考えているのは物置になっている1階を片付けてリフォームし、生活の場を下に移すことだ。家を改築したときに、少しでもこうしたことに思いが至っていたら……。今度は介護のことがわかるリフォーム会社を探そうと、綾乃さんはその方法を模索している。

リフォームについては、さまざまな業種・業者があるので、業者の選定方法、リフォーム工事前の書面による契約の重要性、見積書の見方などに関する情報提供やアドバイスを受けることが大切だ。各都道府県と政令指定都市、東京23区には1か所以上の「リフォーム相談窓口」が設置されている。まずは、そこに相談するといいだろう。

■住宅リフォーム相談窓口
◎リフォネット（公益財団法人　住宅リフォーム・紛争処理支援センター）
リフォームの進め方、事例、全国の相談窓口も検索できる。
地方公共団体の相談窓口　http://www.refonet.jp/trsm/
電話相談（住まいるダイヤル）☎０５７０-０１６-１００（平日10時～17時　年末年始を除く）

リフォーム、私の両親の場合

私には91歳と92歳の両親がいて、田舎で老々生活をしている。今の家は父の退職を機に建てたので築30年ちょっと。定年後に建てたのに、介護のことなど何も考えていない普通の2階建てだ。とはいえ、さすがに老朽化してきたため、ふたりは75歳を過ぎたころから、5年を目途に1か所ずつ、数段階に分けて家をリフォームしてきた。

まずはトイレのリフォーム。ウォッシュトイレを入れ、洗面所も浴室の脱衣所から移して大きな洗面台を入れた。トイレには工務店が基本的な部分に手すりをつけていた。車イスが入れるくらいスペースはゆったりとあるが、出入りの工務店はそこまでを考えに入れたわけではなく、出入口は車イスには不便な開き戸だ。

それから5年後に浴室をリフォームし、ユニットバスを導入した。脱衣所はトイレのリフォームのときに直したものの、段差はそのまま残っている。浴室には横に1本、手すりがついているが、洗い場が狭いので、入浴介助となると難しそうだ。

そのうちに、母が夜中に2階の寝室から1階のトイレに行くのがつらいと言い出したため、トイレの隣にあった8畳の客間を寝室にリフォームすることをアドバイスした。2階との上り下りを苦にしない元気な父は、当初、難色を示したが、母の持病の狭心症を盾にとって説得。将来の介護を視野に入れ、畳の入っていた部屋を板の間に改造し、それまで布団で寝ていたのをリクライニング付ベッドに変えた。

不用品を片付けるいいチャンスと、工事前には3泊4日で実家に戻り、客間と元の母の寝室の押入れと戸袋に入っていたものを中心に、山のような不用品を一気に処分した。私が実家のリフォームに口を出したのはこのときと、母の要介護認定後のバリアフリー工事だけだが、早目に寝室を1階に下ろしたのは正解だったと思う。

4年ほど前、ガスコンロの調子がおかしくなったのを機に、キッチンもリフォームした。しかし、事前に聞いていなかったので電磁調理器を勧めることができず、せっかくシステムキッチンを交換したのにガスのまま。

母が認知症を発症し、ガスの消し忘れが多くなった、と聞いたときには「しまった」と思ったが、そのうちにだんだん料理をしなくなった。今さら電磁調理器に交換しても使い方を覚えることはできないだろうし、導入したガス器具にはセンサーがついていて時間がたつと消えるとわかったので、そのままにしている。

母に要介護1の認定が出た昨年、介護保険を使った最初のリフォームを行った。2階への階段のほか、廊下と玄関の上がりかまちにも手すりをつけるよう助言したが、母が「大丈夫」と言い張ったため、手すりは目下、階段だけとなっている。

両親の家に関して今後の課題となるのは、①道路から玄関までの段差、②玄関から室内への大きな段差、③廊下と各部屋の段差……くらい。車椅子を使うようになれば①と②が問題になるが、それまでは手すりの増設と、段差を補う福祉用具の利用だけで十分いけそうだ。ここまで両親がコツコツとリフォームを続けてきたことには頭が下がる。

この家を「終の住みか」にしたい、というふたりの思いが実現できるよう、訪問診療も行う近所のかかりつけ医（在宅療養支援診療所）、訪問看護師、ケアマネジャー、ヘルパー、そして近所の人による〝支援チーム〟をつくり、遠距離介護をすることにした。これからが両親の「最期まで在宅」支援の本番だ。

高齢期のリフォーム・ポイント

家のリフォームは、私の両親のように不便を感じたところから順番にやる、という方法もあるが、「最期まで在宅」を目標にきちんと住宅改修をしようと考えるのなら、必要性にかられてその都度やるよりも、ある程度まとめて施工したほうが、当然ながら費用的には安くなる。

定年後の建て替えやリフォームでは、将来の介護に備え、**介護しやすい家にすぐ転換できること**が大切だ。とはいえ、手すりなどすぐにつけられるものをあまり早くからつけるのは、じゃまになるばかりか、見栄えの面からも考えもの。また、室内の段差をなくすバリアフリーも、はやばやと完璧にしてしまうと、かえってからだの機能を低下させてしまう。

自宅の改修をするときには、綾乃さんのような失敗がないよう、「福祉住環境コーディネーター」など、介護を熟知している専門家のアドバイスを受けながら検討することをおすすめする。１級建築士で福祉住環境コーディネーターの北郷聡子さんにリフォームのポイントを聞きながら、今の家を「安心な住まい」にするための方法を考えてみた。

まだ若いと思っていても、60歳を超えれば衰えは確実にやってくる。年齢を重ねるごとに顕著になってくるのが**「足があがりにくい」「つまずきやすい」**といった足腰の衰え。若いときには意識しなかった低い段差や、滑りやすい床材を安全に変えていきたい。

そういう意味で早いうちにやっておいてもいいリフォームは、**門からのアプローチと水まわり**（浴室、トイレ、キッチン）だろう。予算があれば室内の暑さ・寒さを防ぐ窓の断熱改修や、冷暖房・給湯などで使うエネルギーの軽減を目的とした「省エネ・リフォーム」も一緒に考えてみたい。

まず、門からのアプローチ。一軒家ではよく玄関まで砂利石が敷いてあり、門から入ってすぐに段差があったり、勾配が急でところどころに飛び石が敷いてあるところも多い。砂利石や飛び石はつまずくことが多いので、砂利石の代わりに平らで大きな庭用タイルを敷いたり、飛び石を撤去して、コンクリートの舗道を設け、必要に応じスロープやゆったりした階段にし、外部用のフリースタイルの手すりを付ければ、足元が安定する。

水まわりはまとめてリフォームしたほうが、工事が効率的で費用も少ないし、節水や省エネをすることもできる。マンションの場合は給排水管のパイプスペースへの経路の制約があるため、水まわりを移設できるかどうかを十分に検討する必要がある。

浴室や浴槽が、①入口に段差があり、②床も滑りやすいタイル、③浴槽が深く、またぐ高さも高い、④浴室全体がタイル張り、などという在来浴室の場合は、ユニットバスにリフォームするのもひとつの方法だ。

ユニットバスの利点はいくつかある。防水のことを考えなくてすむし、出入口の段差も最小限に抑えることが容易にできる。床も暖かく滑りにくいし、乾燥しやすい材質が用意されている。浴槽もまたぎやすく、湯船で足がのばせるサイズも用意されている。ヒートショックを予防する暖房機能付きの換気扇や、手すりも必要に応じて付けることができる。また、浴槽を保温機能のある「高断熱浴槽」、給湯器を「高効率給湯器」に交換すれば、水道光熱費が削減できて省エネになる。

キッチンでは古いガスコンロを、消し忘れても安心な電磁調理器などに交換するのがポイントだ。ガスでも消し忘れを防ぐタイプがあるが、認知症を発症してから新しいものに交換すると使い方を覚えられないので、早目に交換して慣れておきたい。自治体によっては、ひとり暮しの高齢者向けに電磁調理器や安全装置のための給付もある。

水まわりのリフォームをする場合は、将来に備えて次のことも一緒に改善しておくといい。①和式トイレの場合は、節水式のウォッシュトイレを入れ、トイレを快適にする、②浴室やトイレは介助が必要になる可能性もあるので、なるべくスペースを確保する、③扉はドア（開き戸）を引き戸や折れ戸に交換して出入りをしやすくする、④床はすべりにくい素材にリフォームし、段差を解消する、⑤最小限の手すりをつける。

これに加えて、**トイレは寝室の近くにあるといい**。2階を寝室にしている人は、ある程度の年齢になり、トイレが近くなったり足腰に障害が出てきたら、寝室を1階に移動させることを考えてみたい。トイレに行くのがいやで、寝る前に水を控える人は意外と多いが、水分をとらないと血液が濃くなり、脳梗塞などの原因にもなる。

この程度のことをやっておけば、たとえ予期せぬ介護が始まったとしても、介護用への転換がたやすくできるだろう。

トイレや浴室をリフォームする際には、扉が開き戸（ドア）の場合は引き戸や引き込み戸に交換することも考えてみよう。ドアは開閉時に人にぶつかる危険性があり、車椅子の人がドアを開けるのは大変なため、ドアから引き戸などへの交換は介護保険での住宅改修工事の助成の対象となっている。

ドアを引き続き使用する場合は、回しにくい従来のノブから、簡単に開けられるレバーハンドルへの交換も考慮に入れてみたい。これも助成の対象となる。

■福祉住環境コーディネーターを探す

◎福祉住環境コーディネーター協会

http://www.fjc21.org/group/

東京商工会議所では、合格者相互の連携、スキルアップ、情報収集・発信などを行う協会を設立。「福祉住環境コーディネーター検定」を行っている。また、住宅改修相談、研修、セミナーなどを行う全国の活動団体をサイトで紹介している。

■省エネリフォームとは

◎住宅の省エネリフォームガイドブック　東京都都市整備局

住宅の省エネルギー性能の向上を図るためのリフォーム（省エネリフォーム）を検討する際に役立つ技術情報、効果、実施事例などについてまとめている。

http://www.toshiseibi.metro.tokyo.jp/juutaku_seisaku/reformguide-2.pdf

足腰が弱くなってきたときのリフォーム

足腰が弱くなってきたときに、**いちばん起こりやすいのが「つまずき」と「ふらつき」**。介護状態にならなくても、筋力や瞬発力の衰えを感じたら「介護リフォーム」を、少しずつ視野に入れて考えていきたい。

つまずきは足の筋力が衰え、自分ではちゃんと上げていると思っていても、実際には足がしっかり上がっていない高齢者に起きやすい。その原因となるのが段差だが、5センチ以上の段差は段を認識しやすいので意外とつまずきにくい。危険なのはそれ以下の低い段差、敷き絨毯、ドアやふすま下の敷居や和室との段差だ。

杖や歩行器を使う人や車椅子の人にとっては段差は障害になるため、ミニスロープなどを利用する必要があるが、そうでない場合は手すりなどをつければ、5～10センチくらいの段差はかえって足上げの運動になることもある。また、玄関の上がりかまちや、勝手口、トイレや浴室の大きな段差も、なくしたり少なくしたりする工夫が必要だ。

しかし、**住まいの改善の第一歩は床にものを置かないこと**。足に引っかかりやすい電気コードや敷き絨毯にも気を配り、家の中を整理して家具の配置などを変えて歩きよくするだけでも、つまずきの危険性はだいぶ減る。

段差の解消には、下枠の段をなくす方法、すりつけ板を取り付ける方法、床をかさ上げする方法などがあり、これらには工事が伴う。工事をしなくても式台を置けば段差が簡単に解消できるのが玄関の上がりかまち。専門家と相談して利用するようにしたい。

自宅で自立して暮らし続けるためには、家の中でもできるだけ動いて足腰の筋肉を失わないことが大切だ。家の中がバリアフルでは動かせるからだも動かなくなるが、逆に家の中をすべて段差のないバリアフリーにすると平坦な状態に慣れ過ぎ、外でつまずいたりすることが起こりやすい。

いっぽう、「ふらつき」を防ぐのには、手すりを設置する。手すりにはさまざまなタイプがあり、設置の位置も大切なので、こちらも専門家と相談してほしい。

介護保険を活用する

施行主が65歳以上であれば、「設備の老朽化」や「バリアフリー」「省エネ」のためのリフォームに関して、助成や減税制度があることには前にもふれた。助成には要支援・要介護者対象の介護保険による**「住宅改修費支給制度」**と、そこに**上乗せして利用できる都道府県や市区町村独自の助成**があり、自治体によっては、要支援・要介護認定が取れなくても利用できる助成もある。

介護保険で住宅改修に適応できるのは、①手すりの取り付け、②段差や傾斜の解消、③滑りの防止、移動の円滑化のための床材料の変更、④扉および部品の取り換え、扉の新設、⑤和式便器から洋式便器への便器の取り換え、⑥それらに付随する工事の6項目だ。

要介護認定の判定のめやすと要介護区分による支給限度額

<table>
<tr><th></th><th>身体の状態</th><th>居宅サービス費の支給限度基準額（月額）</th><th>自己負担額（左記の１割）</th><th></th></tr>
<tr><td>要支援1</td><td>要介護状態とは認められないが、社会的支援を必要とする状態
（例）食事や排泄などはほとんどひとりでできるが、立ち上がりや片足での立位保持などの動作に何らかの支えを必要とすることがある。</td><td>50,030円</td><td>5,003円</td><td rowspan="2">予防給付</td></tr>
<tr><td>要支援2</td><td rowspan="2">生活の一部について部分的に介護を必要とする状態
（例）食事や排泄はひとりでできるが、ときどき介助が必要な場合がある。この状態に該当する人のうち、適切な介護予防サービスの利用により、状態の維持や、改善が見込まれる人については要支援２と認定される。</td><td>104,730円</td><td>10,473円</td></tr>
<tr><td>要介護1</td><td>166,920円</td><td>16,692円</td><td rowspan="5">介護給付</td></tr>
<tr><td>要介護2</td><td>軽度の介護を必要とする状態
（例）食事や排泄に何らかの介助を必要とすることがある。立ち上がりや片足での立位保持、歩行などに何らかの支えが必要。</td><td>196,160円</td><td>19,616円</td></tr>
<tr><td>要介護3</td><td>中等度の介護を必要とする状態
（例）食事や排泄に一部介助が必要。立ち上がりや片足での立位保持などがひとりでできない。</td><td>269,310円</td><td>26,931円</td></tr>
<tr><td>要介護4</td><td>重度の介護を必要とする状態
（例）食事にときどき介助が必要で、排泄、入浴、衣服の着脱には全面的な介助が必要。立ち上がりや両足での立位保持がひとりではほとんどできない。</td><td>308,060円</td><td>30,806円</td></tr>
<tr><td>要介護5</td><td>最重度の介護を必要とする状態
（例）食事や排泄がひとりでできないなど、日常生活を遂行する能力が著しく低下している。</td><td>360,650円</td><td>36,065円</td></tr>
</table>

公益財団法人生命保険文化センター「介護保障ガイド」をもとに作成

リフォームに使える支給限度基準額は20万円まで（基準額の9割の18万円が支給額上限）で、利用者の自己負担は1割。**20万円の範囲内なら何度でも使える**し、引っ越しをしたり、要介護度が3ランク上がれば、再度、給付が受けられることも覚えておきたい。

介護保険では福祉用具がレンタルで利用できるので、それらを上手に使ってリフォーム費用を抑えることも考えてみよう。たとえば、手すりには天井突っ張りタイプがあり、月500円程度でレンタルできるため、とくに壁に穴を開けることがむずかしいマンションや賃貸住宅に住む人には好評だ。足腰が弱くなり、こたつなどからの立ち上がりが不自由な要介護2以上の人は、座椅子にもなるリフトも月1800円程度でレンタルできる。

ただし、和式トイレが洋式になる便座、簡易トイレ、浴室で洗い場と浴槽の段差を解消するすのこや、床を滑りにくくするマット、座ってシャワーができるシャワーチェアーなど、直接肌に触れる便座や入浴補助用具は購入となる。介護保険では住宅改修費利用限度額とは別に、**年間10万円まで1割負担で福祉用具の購入ができる**。レンタルと購入をうまく組み合わせ、介護される人のニーズに合った住環境をつくっていきたい。

なお、要介護2以上の人は、背上げ、高さ調節、膝上げの3つの機能がついたベッドや、床ずれを防ぐエアマットも月800円から1500円程度でレンタルできる。ベッドのタイプは実にさまざまで、最近ではベッドを嫌う布団派に合わせ、床上程度の低いところから高さの調節ができるタイプも登場している。

要介護４以上の人は、センサーが付いた専用のおむつが尿や便を感知すると、自動で吸引し、終わったあとは温水洗浄・乾燥する自動排泄処理機も、月５０００～６０００円でレンタルできるようになった。福祉用具には実にさまざまな種類があるので、福祉用具をレンタルする指定事業所の**福祉用具専門相談員**に相談することをお勧めする。

脳梗塞などで障害をもち、退院後、自宅に戻ることになったときには、ケースワーカーやリハビリ専門職など病院のスタッフが、ケアマネジャーや福祉用具専門相談員とともに本人の退院前に自宅を訪ね、家族と一緒になって退院後の生活環境、障害の状況を考えながらベッドや手すりの位置や段差の解消を話し合うケースも増えてきた。

こうした医療と介護の専門職の支援があれば、介護される本人にとって本当に必要なリフォームをすることができる。本人や家族も情報を集め、自宅生活を快適にするための介護リフォームについて、ケアマネジャーなどと一緒に考えていくといいだろう。

■住宅改修と福祉用具について

◎公益財団法人　テクノエイド協会

・住宅改修情報。身体状況別の住宅改修の視点（からだの状態に応じたリフォームがわかるサイト）疾患別の事例も掲載。http://www.techno-aids.or.jp/jyutaku/shintai.shtml

・福祉用具の選び方・使い方情報　http://www.techno-aids.or.jp/howto/index.shtml

◎一般財団法人　保健福祉広報協会
・はじめての福祉機器の選び方・使い方　http://www.hcr.or.jp/howto/index.html

介護保険での住宅改修の手続き

介護保険制度では、要支援（1・2）要介護（1〜5）と認定され在宅で生活する人が、手すりの取付けや段差解消などの対象となる住宅改修を行い、心身の状況や住宅の状況などから必要と認められた場合には、住宅改修費が支給されることになっている。

住宅改修費の支給には、着工前に事前申請が必要だ。介護保険担当窓口に事前申請をしないまま住宅改修した場合には、住宅改修費は支給されないので注意したい。要介護認定申請中に住宅改修を行うこともできるが、住宅改修費は認定結果が出たあとで支給される。対象となる住宅は、**介護保険被保険者証に記載されている住所の住宅のみ**で、**住宅の新築や増改築は住宅改修費の支給対象とならないことになっている。**

病院や施設に入院（入所）中で退院（退所）が決まっている場合は、入院（入所）中に事前申請し、住宅改修を行うことができる。この場合も住宅改修費は退院（退所）後に支給され、退院（退所）しなかったときには、住宅改修費は支給されない。

申請手続きの流れは、以下のようになる。まず、住宅改修を行う前に担当のケアマネジャーに相談し、改修内容の検討後、ケアマネジャーや施工業者に提出書類の作成を依頼する。そして、住宅改修の着工前に、次の書類を市区町村の介護保険課に提出する。

○住宅改修費事前確認及び支給申請書
○住宅改修が必要な理由書（ケアマネジャーなどが作成する）
○見積書（被保険者本人宛てのもの。コピー可。製品名・メーカー名・数量・工事費・経費などがわかるもの）
○改修箇所の工事前の写真（日付入りのもの）
○住宅の平面図（利用者の日常使用動線のわかる図面、改修箇所の表示、段差などの表示）
○住宅改修の承諾書（住宅の所有者が被保険者本人以外の場合に必要）
○委任状（被保険者本人以外の口座へ振込を希望する場合に必要）

そして、介護保険課で事前申請書類を確認し、不備がなければ「事前申請確認書兼完成届出書」が交付されるので、交付後、住宅改修に着工する。

申請書類に図面の不備や見積書の不備、デザインなどの疑問点が見つかった場合は、市区町村に委託されたアドバイザーが**「住宅改修事前調査」**に入ることもある。

住宅改修の着工後に施工場所や材料等に変更が生じた場合は、改修工事を中断し、介護保険担当窓口へ連絡する。見積書、写真等の再提出が必要となる場合もある。連絡のないまま改修内容を変更した場合は、住宅改修費は支給されないので注意したい。

住宅改修が終わったら、次の書類を介護保険課に提出する。
○事前申請確認書兼完成届出書
○領収書（被保険者本人宛てのもの。原本の提出が必要。返却を希望する人には、原本を確認後、返却する）
○請求明細書（被保険者本人宛てのもの。コピー可）
○改修箇所の工事後の写真（日付入りのもの）
以上の申請書類を介護保険担当課で審査し、不備がなければ、被保険者本人宛てに「支給決定通知書」が送付され、申請書類を提出した月の翌月末日に、指定された口座に住宅改修費が振り込まれることになる。

こんなふうに書くと一見面倒くさそうだが、実際の書類づくりはケアマネジャーと施工業者が行うので、依頼する側は良心的な業者を選ぶことと、書類にきちんと目を通すことに専念すればいい。家を建てる場合もそうだが、業者によって工事の質も費用もかなりの差があるからだ。

いい業者をどう選ぶか

信頼できる業者選びに迷う人は多い。高齢期の住宅改修にはバリアフリー工事が加わってくるので、工事の実績が豊富な業者を探したい。

見積もりの依頼先には、以下のような選択がある。

①今の住まいを建築した業者
②地域に根づいた近所の業者
③知り合いが依頼して満足だった業者
④市区町村の高齢者住宅相談窓口を通して探した業者
⑤リフォーム瑕疵《かし》保険（リフォーム時の検査員による検査と、工事の不具合に対する補償がセットになった保険制度）の登録事業者。加えて事業者に高齢者のリフォームについて専門的な知識のある**「増改築専門員」**（登録制）がいるかどうかも、選択の基準になるだろう。

⑤の「リフォーム瑕疵保険」は、国土交通省住宅局から委託を受けた住宅専門の保険会社（住宅瑕疵担保責任保険法人）が引き受ける保険。リフォーム瑕疵保険へ加入する事業者は保険法人へ事業者登録することが必要となり、保険法人では登録された事業者について、保険利用件数などの情報も公開している。登録事業者は、一般社団法人住宅瑕疵担保責任保険協会のホームページから検索できる（46ページ参照）ので、そこで近隣の登録業者を探すといい。

見積もりは2社以上から取るのが基本だ。依頼する際には、ほかの業者の見積もりを取ることや、耐震やバリアフリーで減税・補助制度を利用することを伝えておくといいだろう。商品サンプルやカタログで見積もり内容を説明してもらうと、知識や説明能力がわかるので業者選びの判断材料にもなる。

同じ条件で依頼しても、業者によって見積もり金額に大きな差が出ることがある。大手はおおむね高めで、細かいマニュアルに沿ってさまざまな金額が列記されていることが多い。逆に小さな業者による見積もりには「▲▲工事一式」などと書かれていることもあるので、工事内容がわかりにくいものは「なぜここでこの金額が必要なのか」と確認することが大切だ。

見積もりが出たら、リフォーム提案や見積もり内容の説明について比較し、わからない点や不安な点があった場合は、28ページで紹介した**消費者支援制度の「住まいるダイヤル」**に相談してみよう。

見積もりでは次の3点がポイントとなる。

① 不明瞭な項目や二重計上などがないか

② 一般的な相場と比べて高額な見積もりではないのか

③ 見積もり工事内容が希望と合っているか

「住まいるダイヤル」のホームページでは、見積もりチェックのポイントとリフォーム工事の金額の目安に加え、モデルになる見積もり書式も自動で作成できる。業者からの見積もりを自分でもチェックしてみるといい。

施工してほしい業者のあたりがついたら、決める前に「別の業者に工事を行わせたりしないか」「現場の工事監理をだれがやるのか」「工事が終わったあと、不都合が出た場合、補修することが契約書に書かれているか」などを確かめ、追加工事が発生する可能性がある場合は、どんな工事でいくらくらいかかるのかも、あわせて聞いておきたい。こうしたリフォーム業者とのやりとりは、メモにして残しておくことをおすすめする。

リフォーム業者を決めるとき、くれぐれも注意したいのが突然訪ねてくる訪問販売リフォーム業者。「屋根の改修工事を安くする」とやってきたのに、「玄関ドアの取り換えをサービスする」「モニターになれば費用が半額になる」「無料で耐震診断をする」などともちかけ、強引に契約を迫ることがあるからだ。

こうした業者には断固断る勇気をもつことが必要だが、断り切れずに契約してしまった場合は、書面を受け取ってから8日間であれば、工事が終了していても、無条件で契約を解除できる**「クーリングオフ」**という制度がある。

リフォームについては、国土交通省住宅局の委託を受けた「住宅リフォーム推進協議会」が作成して無料配布している**「住宅リフォームガイドブック」**がわかりやすい。リフォームの減税制度なども詳しく掲載しているので、インターネットからダウンロードするか、冊子を取り寄せて、リフォームの参考にするといいだろう。

■リフォームについての情報

◎住まいるダイヤル（公益財団法人　住宅リフォーム・紛争処理支援センター）

28ページ参照

◎一般社団法人　住宅瑕疵担保責任保険協会

「瑕疵保険」は、工事に欠陥が見つかった場合、その補修費用などが業者に払われる保険。業者はそれを使って補修を行い、業者が倒産している場合は発注者に支払われる。協会には国土交通省大臣指定の住宅瑕疵担保責任保険法人5社が加盟している。

・全国の登録業者の検索サイト　http://search-kashihoken.jp/

■リフォームに関するブックレット

◎住宅リフォームガイドブック（住宅リフォーム推進協議会）
http://www.j-reform.com/publish/book_guidebook.html

◎高齢者の住まいの改善に向けて（高齢者住宅財団）
http://www.koujuuzai.or.jp/pdf/project_2011_02_01.pdf

リフォームにかかるお金

住宅改修やリフォームを考えるとき、気になるのはやはりフトコロ具合。費用は老朽化の程度やどこまで直すかなどで大きく変わってくるが、住宅リフォーム推進協議会の調査では平均金額は664・8万円。しかし、60代以上になると100万～300万円の比較的小規模な工事の割合が増えてくる。

費用はリフォームの程度や材料によってもちがうが、だいたいの目安をあげておこう。費用には材料費と、1日平均2万5000〜3万円の工事費が含まれる。

まず、バリアフリー・リフォームの基本になる手すりから。長さ1メートルのI字型手すりの材料費は5000〜1万5000円、トイレなどに使うL字型手すりは5000〜6000円が目安で、使われている素材（樹脂、天然木、ステンレスなど）で金額が異なる。

手すりはホームセンターなどで購入し、自分で取り付けることもできるが、力がかかるので、適切な場所にしっかりと取り付ける必要がある。場合によっては下地の補強工事が必要となるため、自信がないときは専門家に頼みたい。簡単な工事なら半日で終わることもある。

次に1坪の浴室をユニットバスにする場合を考えてみよう。古い浴室で構造部分に腐食があるときには、構造部の補強工事や交換工事が必要となり、費用がかさむことがある。バリアフリー、手すりの取り付け、滑り止め、ドアの交換などもオプションとなる。

浴室をリフォームする際の基本工事は、ユニットバスの導入だ。既存の浴室を解体し、廃材を処分する費用もここに含まれ、グレードと機能によって25万〜90万円。工事費は工期と職人の人数によって12万〜50万円、工期の目安は1〜10日程度。最低でも80万円はかかると考えておいたほうがいいだろう。

トイレは便器をウォッシュトイレに交換し、簡単なリフォームをするだけなら20万円程度でも可能だが、トイレを増設したり位置を変えるとなると、最低でも40万円程度は見ておきたい。1畳のトイレを増設する場合、材料費は15万〜25万円、搬入設置工事費は2万円くらいだが、配管工事費は給排水管をどこから引くかにより、工事費（部材共）が変わってくる。電気工事も必要となり、増設の場所によっては工事費が多くかかるので、しっかり計画・見積もりをしてもらおう。工期の目安は2日から。

リフォームは内容もかかる費用も、ある意味では底なしだ。業者の勧めで実際には必要のないリフォームをしてしまったり、逆に経費節減を考えすぎて「あそこをやっておけばよかった」ということもある。どこまでが本当に必要なのか、専門家の知恵も借りながら、健康状態と予算に見合ういいリフォームを考えていくことが大切だ。

暮らしが潤う一工夫

高齢期には「住まい」と「住み慣れた地域やまち」とのつながりが大切だと、福祉住環境コーディネーターの北郷さんは言う。改築やリフォームの際には、**動きやすく使いやすい**ことに加えて、家族、親戚、友だちなどが**気軽に訪問できる間取り**を考えてみたい。

2世帯同居の場合は、玄関、キッチン、トイレはできれば別々にすると、お互いの友人などが訪れやすいし、介護が必要になったときにも、外部からの介護者を受け入れやすい。

老後は夫婦だけで過ごす時間が多くなるので、息が詰まることもあるだろう。小さくてもいいからお互いの部屋やスペースを確保すると、そうしたときの逃げ場になるし、お互いの友人や隣人が気軽に訪問できるようになる。２世帯同居の場合は、自分の電話を持つことも大切だ。そうすれば誰に気兼ねすることなく長話ができる。

それに加えて、たとえば土地があれば、近所の人がふらりと来て腰かけて**おしゃべりができる縁側をつくる**、といったことを取り入れると、暮らしが潤ってくる。昔の田舎家にはそんな「人」の縁をはぐくむ場所があった。縁側は「部屋」と「外」との間の中間領域なので、距離感を気軽に保つことができる。

そんなふうに家を少し地域に開いておくと、おひとりさまになったときにも心強いし、人のつながりもおのずと出てくるだろう。縁側の工費は15万〜16万円。土地がない場合は、玄関先に丸椅子を置いたりして、「縁側もどき」をつくってもいい。家の前にベンチを置くだけでも、集いの場が生まれるかも知れない。

改築やリフォームの際、庭に花の咲く木を植えるのも、地域の人との交流のきっかけになるだろう。木の成長や花を楽しめると同時に、通りがかりの近所の人とのあいだに話の花が咲くこともある。日ごろから**いざというときに助け合うことができる人間関係**を地域でつくっておくことは、おひとりさまならずともこころがけておきたいものだ。

家の中では衣類が一目でわかる洋服かけや、衣類を分類しやすい引き出しなど、**洋服の収納を一工夫**。女性ばかりではなく、男性もおしゃれを楽しみながら外出することが刺激になるので、おしゃれがしやすい収納方法を工夫し、生活を楽しめるようにしたい。

リフォーム資金が足りないときは

リフォームをするシニア世代のほとんどは、費用を自己資金でまかなっている。だが、手持ちのお金が少ないときには、市区町村の「高齢者住宅整備資金貸付窓口」や前出の「住宅改修費支給制度」などに相談を。自治体によっては、60歳以上の人が利用できるリフォーム融資制度もある。

預金はほとんどなく財産は持家だけ、現金収入も公的年金しかないが、愛着のある自宅で老いていきたい、と願う人もいるだろう。そんなときには、住宅金融支援機構（旧住宅金融公庫）の**「高齢者向け返済特例制度」**を利用することも考えてみよう。

この制度の対象になるのは、自宅のリフォームと耐震工事で**融資の上限は1000万円まで**。高齢者居住支援センター（高齢者住宅財団）が連帯保証人になるので、保証人を立てる必要がなく、毎月の返済は2％程度の利子。借りた元金は申し込み者本人（夫婦は連帯債務者にするといい）が亡くなったとき、子どもなど相続する人が家を売るなどして一括返済すればいい。ただし、**一括返済ができないと、財産権は財団に**移ってしまう。

1年前に夫を亡くした道子さん（66歳）は、この融資制度の話を聞き、それまで頭の中でモヤモヤしていた霧が晴れたような気がした。遠くに嫁いだひとり娘は家を処分して、嫁ぎ先の近くの有料老人ホームに入ることを勧めるが、地域活動をしていて友人も多い道子さんは、夫とふたりで建てた愛着のある家を離れ、知らない土地で暮らす気がしない。

ただ、２階家はひとり暮らしには広すぎるし、階下もひとりの生活の場としては使いにくい。そんなとき道子さんはふと、大学時代の「間借り生活」を思い出した。

大学からの紹介で道子さんが借りたのは老婦人の住む一軒家の２階。トイレも台所も階下に住む大家さんとの共有で、夜遅くまで友人を招いたりはできなかったが、**お互いになんとなく安心感を共有したという思いがある。**

１階を自分の住まいに、２階をアパート形式の個室（トイレ、キッチン、シャワー付き）にリフォームして外階段をつけ、家賃を少し安くする代わりに「見守り」程度の目配りをしてくれる女性に貸すことはできないだろうか。家賃収入は娘の一括返済の一部にすればいい。近所で不動産屋を営む知人に相談すると、「借りる女性がいるかもしれない」と言う。実際にホームシェアと呼ばれる住まい方で、ＮＰＯが間に入って仲介しているところも出てきているからだ。

娘は最初、難色を示したが、最後には「お母さんの好きなようにすればいい」と納得してくれた。融資を受けた道子さんは、知人の紹介でシニア向け住宅改修の得意な建築家を見つけ、１階の自分の住まいと２階を改修した。

家の整理は友人たちに手伝いを頼み、ほしいものを持ち帰ってもらった。夫の本は古本屋に買い取りを依頼し、不用品は改修時に催された地域のバザーに出品。残りはゴミとして処分した。

家は将来の介護を視野に入れて改修し、１階は寝室兼自室と、仲間が集まれる広いダイニングキッチンに生まれ変わった。痛んでいた屋根の修復と耐震工事もして、総工費は８００万円で収めてもらった。毎月の返済は1万7000円程度と、年金暮らしのフトコロにもやさしい。2階には近所の知人からの紹介で、近郊県から東京への就職が決まった遠縁の娘さんが入り、時折、お茶に呼んでは、若い世代の流行の話や、会社の人間関係の悩みを聞いたりしている。

家がある場合はそれを生かして「最期まで在宅」をめざす、道子さんのような方法もある。そんなときに威力を発揮するのが、地域のネットワークだ。

■高齢者向け返済特例制度

◎住宅金融支援機構　http://www.jhf.go.jp/

対象は自宅のリフォーム、耐震工事。利息のみの返済で元金は死亡後返済。上限1000万円まで融資。

（検索：ホーム→お借入をお考えのお客様→リフォーム融資）

■リフォームの減税制度　https://www.nta.go.jp/taxanswer/shotoku/1220.htm

◎所得税控除、贈与税について　→　住所管轄の税務署

◎固定資産税の減額について　→　物件所在の市区町村

◎バリアフリー改修工事をした場合（住宅特定改修特別税額控除）　→　国税庁

◎リフォーム減税の概要や証明書について　→　国交省

課題の多いリバースモーゲージ

「最期まで自宅」を考えるのであれば、自宅を担保に、年金のような形で生活資金を受け取りながら、自宅に住み続けることができる高齢者世帯向けローン「リバースモーゲージ」という制度もある。借入金は契約者が亡くなったときに、担保となっている自宅を処分して回収する仕組みで、相続人が精算時に返済をすれば、家を残すことも可能だ。

国もリバースモーゲージの普及に力を入れ出した。背景にあるのは高齢者の住まいの確保。自宅を担保に生活資金が得られることで、老後の生活不安の解消につなげ、消費を促す効果が出るとする。ローン終了後には回収した家が商品となるため、不動産流通市場の活性化も期待されている。

リバースモーゲージには、各都道府県の社会福祉協議会（社協）を運営主体（窓口は市区町村の社協）にした**厚生労働省の「長期生活支援資金貸付制度」**と、銀行など一部の金融機関が扱っている**リバースモーゲージ信託**のふたつがある。

まず、公的な「長期生活支援資金貸付制度」は、自宅はあるが現金収入が少なく、老後に不安をもつ高齢者世帯を対象とした生活資金の融資。非課税世帯の持ち家（実際には土地）を担保に、その評価額の７割を限度に毎月30万円（実際は20万円程度が多い）までを生活資金として融資する。利率は年３％または銀行長期優遇貸出金利のいずれか安いほうとなる。

しかし、実際のところリバースモーゲージには制度上の課題が数多くある。リバースモーゲージの対象となるのは土地だが、借地権付き土地は対象外。マンションもよほど不動産的に価値のあるもの以外は難しい。

貸付の条件もいくつかある。まず、世帯の構成員は原則65歳以上。自宅が自分か配偶者の持ち物で、配偶者と親以外の同居人がいないこと。担保となる自宅を誰かに貸したり、抵当権などが設定されていないこと。推定相続人全員の同意があること。担保となる不動産の概算評価額が1500万円以上（福岡県は1000万円以上）あることなどだ。貸付期間は貸付元利金（貸付金＋利子）が貸付限度額に達するまでの期間となる。

リバースモーゲージの**最大の問題は「長生きリスク」**。老後資金の少ない稔さん（70歳）は、「長期生活支援資金貸付制度」で、いくらの融資が期待できるのか調べてみた。

稔さんの土地の評価額は3000万円。貸付金額はその70％までなので最大2100万円だ。貸付金の利率を年3％とすると、貸付金額が毎月12万円の場合、貸付期間は12年9か月。貸付金額が10万円だとしても、14年11か月しかもたない。稔さん夫婦はふたりとも70歳なので、14年先でも84歳。ここで貸付期間が切れてしまうと住む家がなくなってしまう。

リバースモーゲージを考えるなら、もう少し先……というのが稔さんの結論となった。今はふたりとも元気だが、どちらかが要介護状態にならないとも限らない。そのことも含め、今のうちに自分の身の丈に合った選択肢を勉強しながら「終の住みか」を考えていこうと夫婦で相談した。

ほかにも、リバースモーゲージのリスクはある。ひとつは**金利上昇リスク**で、途中で金利が上昇すると受け取れる額が少なくなること。もうひとつは**地価下落リスク**で、担保の評価額が下がると追加担保が必要になったり、ローンが途中でストップしたりし、場合によっては返済を迫られる可能性がある。

銀行などの金融機関が行っているリバースモーゲージ信託は、公的なものよりも用途が多く、自宅を担保に生活資金の融資を受けることができるほか、有料老人ホームへの入居資金、リフォーム費用、旅行費用、借入金の返済などさまざまな目的に使用できる。

対象になるのが基本的に土地、ということは変わらないが、契約時の年齢が55歳以上、借入金額が１回10万円からなど、あらかじめ定めた金額の範囲で随時借り入れができるなど、公的なリバースモーゲージとは少し異なっている。一例として、みずほ銀行のリバースモーゲージローン「みずほプライムエイジ」を見てみよう。

ここでの条件は、契約年齢が55歳以上のほか、一都三県（東京・神奈川・千葉・埼玉）で一戸建てを所有し、土地の評価額が２０００万円以上、融資金額は元金と利息込みで評価額の50％、金利が短期プライムレート＋年１・５〜２％（使途目的が明確な「目的口」と、自由な「フリー口」で金利が異なる）などとなっている。

都内一戸建てに住む60歳で土地の評価が４０００万円の人を例にとると、融資は元金と利息込みで評価の50％相当の２０００万円。平均金利を２％程度とすると、おおよそ元金１６００万円＋利息４００万円になる。その元金１６００万円を85歳まで（25年間）毎月受け取るとすると、月々およそ5万円程度。

リバースモーゲージは知っておいてもいい制度だが、融資が長年にわたるので利息が意外とバカにならないことも考えに入れておこう。

■リバースモーゲージ
◎厚生労働省【長期生活支援資金貸付制度】
http://www.mhlw.go.jp/bunya/seikatsuhogo/seikatsu-fukushi-shikin2.html
◎みずほ銀行「みずほプライムエイジ」——銀行系リバースモーゲージの一例
http://www.mizuhobank.co.jp/loan/reverse_mortgage/index.html

自宅を活かすための支援制度

子どもたちが巣立ったあとや、おひとりさまになったとき、「もう少しこぢんまりした生活を」と、住み替えを考える人は少なくない。そんなとき思いめぐらすのは、家を売るか、とりあえずは貸家にしようか……。

しかし、家を手放すには、さまざまな難関がある。まず、土地の更地化。〝うわもの〟の家屋は、築20年以上になると評価額はほぼゼロ。家付きで売るのはむずかしいので、家を解体して更地にし、土地自体を売ることになる。

しかし、更地にするためには、坪３万～４万円の解体費プラス付帯工事費が必要となる。30～40坪の木造2階家で金額は１２０万～１５０万円にものぼるが、①隣家との間を人がふつうに通れること、②家の前の道路に4トン車を止められること、③木造住宅であること、の条件を満たさない場合、工事費はさらに高くなる。

適度な価格で売れても、がっぽり税金を取られる……となると、とりあえずは貸家にでもしようかと考える人も出てくるだろう。貸家にすれば不動産所得が入るし、固定資産税や修理費用も控除されるからだ。

国交省がモデル事業としておこなってきた「高齢者の住み替え支援制度」を受け、住み替えをしたいというシニア世代の住宅を、子育て世代支援として活用しよう、というのが「移住・住みかえ支援機構」（ＪＴＩ）の**「マイホーム借上げ制度」**。これはシニアの一戸建て、共同建て（タウンハウスなど）、マンションなどを、相場の85～90％の家賃で借り上げ、一般より低い家賃、しかも敷金・礼金なしで子育て世代に賃貸しようというものだ。

借り上げ契約には「終身型」と「期間指定型」の2種類がある。終身型は貸し手が亡くなるまでの終身借上げ。期間指定型は、何年かのちには自分たちが戻りたいとき、子ども夫婦が住むという場合に向いている。

借り手がいない場合も空き家保証があるが、毎月入ってくる賃料から機構運営費・建物管理費として15％が差し引かれる、耐震基準を満たさない場合には補強工事を求められたり、傷み具合に応じてはリフォームも必要などの条件もある。

また、日本賃貸住宅管理協会の**「住替え支援センター」**では、家を貸したいという相談者を全国150社の優良加盟会社に紹介。加盟会社は住み替え先の物件探しにも応じている。住み替え先としては、交通の便のいいマンション、有料老人ホームなどの高齢者住宅、あるいは、田舎暮らしや海外ロングステイの選択もある。

「貸す」というハードルが低くなったことで、ライフスタイルに応じて、住み替えができる選択も広がってきた。しかし、おひとりさまの場合は、死後の家のしまつも考えておかなければならない。「空き家利用」ができるよう、地域で福祉活動をするNPOなどに寄付するというのも、地域貢献のひとつの方法だ。

■家を貸したいときには

◎移住・住みかえ支援機構　http://www.jt-i.jp/
マイホーム借上げ制度の詳細や実例も紹介
☎　03-5211-0757（9時～17時　祝日を除く）

◎日本賃貸住宅管理協会　住替え支援センター　http://www.sumikae.jpm.jp/object/index.html
住み替え先の決め方、家を売る場合・貸す場合の費用試算比較などを掲載。

☎0120-282-009（月・木13時〜17時　祝日を除く）

「最期まで在宅」のために必要な介護の知識

「在宅ケア」にかかるお金

高齢期を生きる原動力。その源は「健康」だ。〝医療費削減〟の秘策は「健康寿命」を延ばすこと……と、国は「介護予防」に力を入れているが、それでも、**75**歳以上の**3**割、**85**歳以上の**6**割には、ある日、突然、介護がやってくる。「最期まで在宅」を考える場合、ある程度知っておきたいのが介護保険や医療保険制度のこと。

在宅ケアの二大課題は**「介護をするのは誰か」**と**「経済的負担」**。これまで介護保険サービスの利用者負担は一律1割だった。しかし、医療保険で1割負担だった70〜75歳未満の人が2014年4月から2割負担になったのに続き、年金収入が280万円以上ある人の介護保険の利用者負担率も2015年8月から2割になった。医療・介護保険ともに利用者負担が増大し、制度がやせ細っていく時代。これからは介護力の確保に加え、お金の確保もいっそう重要になってくる。

では、どれくらいの費用が「在宅ケア」にはかかるのだろうか。在宅の場合、かかるお金は、介護保険サービス費＋介護保険以外の費用。公益財団法人「家計経済研究所」が同居の要介護者がいる家庭を対象とした調査を行った「在宅介護のお金と負担」によると、訪問介護やデイサービスなど介護保険で受けられるサービスに対して、利用者が支払った費用（1割負担の支払額）は、月額平均約1万5000円。もっとも高い要介護5で約2万2000円だった。

在宅で介護を受けると、このほかに医療費と介護保険外のサービスにかかる費用が必要となる。介護度が重くなるにつれ、介護保険ではまかなえない流動食や配食サービスなどの介護食費や、おむつなどの排せつ関連用品、介護用品の費用も増えてくる。

さらに、介護保険の支給限度額を上回った場合の費用も加えると、在宅ケアにかかる費用は、要介護1（約3万3000円）から要介護5（約6万8000円）で、平均では約4万4500円という数字が出ている。

医療の進歩で、平均寿命が延びるとともに介護の期間も長くなった。生命保険文化センターの調査によると、いちばん多いのが4～10年で、平均介護期間は4年7か月。しかし、介護を受けながら10～15年間暮らし続ける人も珍しくない。

いっぽう医療保険や介護保険制度では、さまざまな負担軽減措置も講じられている。たとえば、**医療保険では「高額療養費制度」**、そして**介護保険では「高額介護サービス費支給制度」**が、さらには両方を合算した**「高額医療・高額介護合算制度」**などもある。いずれも、医療や介護の自己負担額が、所得に応じて決められた額を超えると還付される仕組みだ。

２０１５年4月から、これらの制度では課税世帯の負担が多少増えることになるが、制度を知ってサービスを賢く利用すれば、医療費や介護費は抑えることができる。

心配しているばかりでは前に進めない。親のいる人は親と自分の介護にかかるお金をシミュレーションし、おひとりさまは自分が介護状態になったときあわてないよう、情報と人のネットワークをつくっておきたい。

介護保険の流れを知る

いまはまだ元気でも、介護保険の基本くらいは知っておこう。その第一歩は介護の必要を感じたら、介護保険の要介護認定を申請すること。申請は市区町村の**「介護保険担当窓口」**か**「地域包括支援センター」**だが、後者は自治体によって「高齢者センター」「あんしんすこやかセンター」など名称が異なることがある。

介護保険を利用できるのは、市区町村に**要介護認定された65歳以上の住民**だ。しかし、40歳以上65歳未満でも、がん末期、若年性認知症、脳血管性疾患、関節リウマチなどを含む、16種の「特定疾《しっ》病《ぺい》」に認定されれば対象になる。

高齢者に関するワンストップサービスを行う地域包括支援センターでは、社会福祉士やケアマネジャー（介護支援専門員）、保健師などの専門職が、要介護認定申請の受け付けや、高齢者に関する相談・サービスの紹介をしている。

年を重ねると、今日は元気でも明日は歩けなくなる、ということも珍しくない。転倒やちょっとした病気がきっかけで、具合がどんどん悪くなってくることもある。とくにおひとりさまは、見守ってくれる家族がいないので、いちばん低い「要支援1」しか取れなくても、体力が衰えてきた、足腰が痛くて家事ができない、認知症状が出てきたなどの不安があったら、要介護認定を申請してみよう。週に1回、ホームヘルパーに来てもらうだけでも安心材料になる。

ただし、これまで介護保険の枠内にあった要支援1と2のホームヘルプとデイサービスは、2019年度末までに市区町村の「介護予防・日常生活支援事業」に移行することになった。このため、自治体によるサービスの格差がおおいに心配されている。

要介護認定の申請時に必要なのは、利用者の介護被保険者証と印鑑、市区町村から「意見書」を依頼するための主治医（かかりつけ医）の名前や連絡先など。自治体によっては申請時に「主治医の意見書」が必要になることもある。

主治医がいない場合は、役所やセンターで医師のリストをくれるが、個別の紹介はしてくれない。きちんとした意見書を書いてもらうためにも、患者のからだの状態や暮らしぶりをふだんから把握している、**かかりつけ医の存在が大切**だ。

要介護認定を申請すると、利用者本人の心身の状態を調べるために、市区町村から調査員が訪問調査にやってくる。このときに必要なのが家族など本人のふだんの状態を知る人の立ち合い。とくに認知症の人はいいところを見せようとがんばってしまうので、終わったあと立ち合い者が調査員に実情を伝え、「特記事項」として書いてもらうことが大切だ。これをやらないと、74項目の「基本調査」の結果だけが認定結果につながり、低い判定になってしまうことが多い。

この「特記事項」と「主治医意見書」がしっかりしていれば、判定の好材料になる。認知症の人の場合は、専門医から診断書をもらい、かかりつけ医に渡して意見書を書いてもらってもいい。

認定調査が終わると、主治医の意見書と調査結果にもとづき、コンピュータによって一次判定が出る。そして、複数の専門家による「介護認定審査会」が二次判定をし、「要支援1・2」「要介護1〜5」の7段階が決められる。

■要介護認定調査の項目と内容を知りたい人は

◎要介護認定　認定調査員テキスト（厚生労働省）

http://www.mhlw.go.jp/topics/kaigo/nintei/dl/text2009_2.pdf

■介護保険についてもっと知りたい人は

◎知るNAVI（一般法人シルバーサービス振興会）

http://www.sil-navi.com/kaigo/kaigo_1.html

■介護に関する便利情報

◎WAM NET（ワムネット）介護事業者情報

http://www.wam.go.jp/content/wamnet/pcpub/kaigo/service/

◎とうきょう福祉ナビゲーション　http://www.fukunavi.or.jp/fukunavi/

◎かながわ福祉情報コミュニティー　https://www.rakuraku.or.jp/

◎介護支え合い電話相談　http://www.yokufuukai.or.jp/call/index.html

☎　03-5941-1038（社会福祉法人　浴風会）

■ケアマネジャーに不適切な対応があったときには

◎介護サービス苦情相談窓口

①お住まいの地域の市区町村介護保険課、広域連合などの相談窓口

②都道府県に設置されている国民健康保険団体連合会（来所、電話、FAX、文書による苦情相談）

介護保険の申請からサービスを利用するまでの流れ

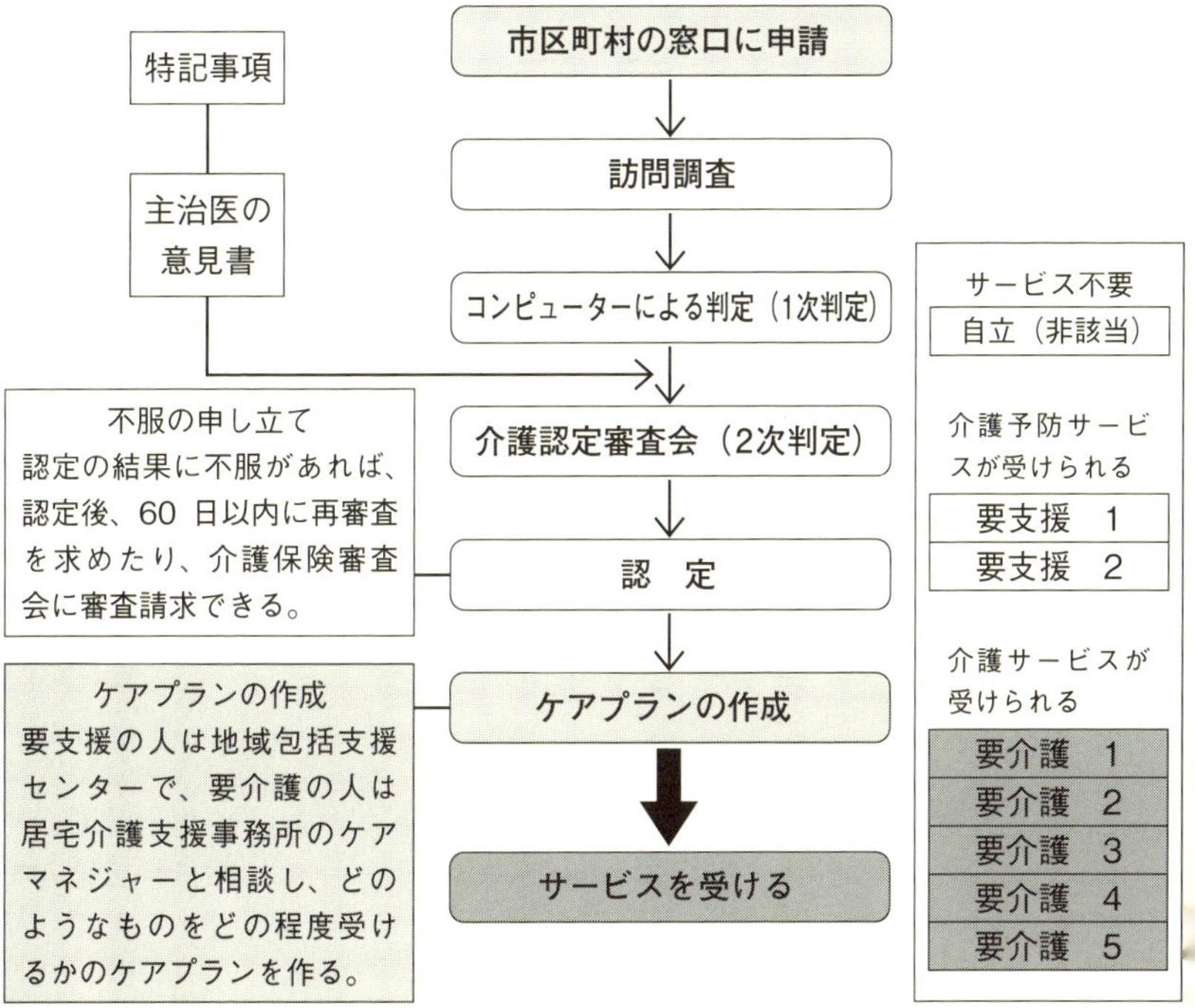

在宅医療の時代

「家で死にたい」という人は、どんな調査を見ても6割程度いる。しかし、それを阻んでいるのが「家族の負担」への不安だ。「病院から在宅」へと言われても、多くの人が最初に思うのは、**「家族の負担が大きくなるばかりじゃないか」**ということだろう。

実際、退院後の受け皿が地域にないと、退院難民、介護難民は増えるばかり。その対策として国が進めているのが地域医療の充実を含めた「地域包括ケアシステム」だ。内容についてはどの自治体でも苦戦中だが、そのかなめとなる在宅医療に関しては、日本医師会がちからを入れ始めたこともあって、地域格差は少しずつ狭まりつつある。

地域包括ケアシステムは、治療を主体とする「病院型」の医療モデルから、ケアを主体とする「生活型」の医療モデルへの転換でもある。高齢者の病気は積極的な治療をしても治らない「慢性病」なので、高齢者を自宅などの「生活の場」に移し、生活の質を保ちながら看取りまでの生活を充実させていこう、というのが、その基本的な考え方だ。

千葉県が2013年に行った「在宅看取りに関する調査」によると、7割の人が在宅看取りは「可能」または「医療や介護のサポートがあれば可能だと思う」と答えていた。具体的には、①本人が望んで、②介護者が確保され、③**24時間対応を含む医療と介護サービスが確保**できれば、「最期まで在宅」の可能性は大きく広がってくる。

病院で8割以上の人が亡くなるという時代になる前は、病気が重くなって通院ができなくなると、診療所の医師が往診をし、最期も自宅で看取っていた。このやり方を現代によみがえらせたのが在宅医療だ。昔と異なるのは、医師ばかりでなく、看護師、リハビリ専門職、歯科医、薬剤師、そして管理栄養士なども訪問を行うようになったこと。そして、介護専門職との連携で、**「在宅支援チーム」**としてケアの必要なひとりの人を支えていこう、という多職種連携の考え方が広がってきたことだろう。

訪問診療を行う診療所には、定期診療と往診を組み合わせて24時間365日対応する在宅療養支援診療所と、往診を行う普通の診療所がある。在宅医療の対象は通院ができなくなった人で、子どもから看取りの対象者までと幅広い。しかも、**在宅医療でできないことは手術と先端医療だけ**と言ってもいいほど、治療の可能性は広がっている。

少し前まではできないことのひとつに「検査」が入っていたが、いまや医療技術の進歩のおかげで、CTなどの検査器具も自宅に持ち込めるようになった。在宅酸素はもちろんのこと、人工透析も輸血もがんなどの緩和ケアも自宅でできる。

自宅を「終の住みか」にしたい人ばかりでなく、高齢者住宅への住み替えを考えている人も、在宅医療の可能性について知っておくといいと思う。私自身も『おひとりさまでも最期まで在宅』という在宅医療についての本を書いているので、読んでいただきたい。

これまでは地域で在宅医療の情報を探すことがむずかしかったが、市区町村の地域医療担当課や地域の医師会も、訪問診療医などの紹介を始めている。24時間365日診療をする在宅療養支援診療所の訪問診療医もインターネットで検索できる。地域で多職種連携を推進する医療・介護職や住民も、「在宅医療」や「在宅看取り」に関する講座を積極的に催すようになってきた。機会があったら足を運んで、地域の医療や介護情報を身近なものにしてほしい。

◎在宅医療ネットワーク（全国在宅療養支援診療所連絡会）
各県ごとに会員の在宅療養支援診療所が検索できる　http://www.zaitakuiryo.or.jp/
◎WAM NET（ワムネット）
医療・介護の基本情報がつかめる総合検索サイト。「医療」→「サービス情報機関の提供（医療機能情報）」→地域を選ぶ→「在宅医療」に入り、必要な項目にチェックを入れると、もよりの診療所のリストが出てくる。http://www.wam.go.jp/content/wamnet/pcpub/top/

在宅介護を助ける通所施設サービス

「居宅」で利用できる介護保険サービスの種類は30種類以上あるが、ヘルパーによる「訪問介護」に加え、自宅に閉じこもりがちな利用者の気分転換と介護家族の介護疲れの軽減に利用されているのが、デイサービス、デイケアなどの通所施設サービスだ。
〝デイ〟と呼ばれる**「デイサービス（通所介護）」**では、民間のデイサービスセンター、特別養護老人ホーム、老人福祉センターなどに通い、入浴や食事、レクリエーションなどをする。少人数で個別ケアを目指そうとする**「小規模デイ（小規模通所介護）」**や、認知症の人を対象にした**「認知症デイ（認知症対応型通所介護）」**も増えてきた。

主治医がリハビリの必要を認めたときには、介護老人保健施設（老健）、病院、診療所などにある**「デイケア（通所リハビリテーション）」**に通い、リハビリを受けながら、食事、入浴、レクリエーションを行い、一定時間を過ごすこともできる。

「デイサービス」と「デイケア」の違いは、前者がレクリエーションを中心とするのに対し、後者ではリハビリテーションが中心となることだ。歌や塗り絵など単純なレクリエーションが多く、とくに男性には「あんな幼稚園みたいなところに行けるか」と拒否が強かったデイサービスも、最近ではバラエティに富んだ内容で、利用者のニーズに合わせようとするところが増えてきた。

比較的元気な要介護者を対象にしたリハビリ的な要素の強いデイの先駆けとしては、山口県山口市でスタートし、現在では同県防府市、千葉県浦安市、東京都世田谷区の4か所に広がった「夢のみずうみ村」がある。「自己選択自己決定」を合言葉に、館内をバリアフリーではなく、あえて「バリアアリー」にしたこの施設は、デイサービスの発想に大きな転換をもたらした。

以来、リハビリ重視のデイサービスが急増し、マシンの使用に加え、ティラピスやヨガ、整体・マッサージなどのリラクゼーションを特色とするデイや、プールを設置して水中ウォーキングなどのリハビリを行うデイも登場した。そのいっぽうで、麻雀、パソコン、絵画、書道、園芸など自己選択できるプログラムを特色とする施設も増え、デイサービスの選択の範囲は広がっている。

デイサービスの利用費は、サービス提供費用＋食費＋その他（日用品費、各種加算など）で、要介護度と施設の規模、利用時間によって金額が変わってくるが、要介護3で7〜9時間利用して、1日1800円程度。デイケアの利用費は要介護3で1日2000円程度に、入浴、リハビリなどの加算がつく。

家族の病気、出張、冠婚葬祭、看護疲れのレスパイト（休息）などで、一時的に自宅介護ができなくなった場合は、特別養護老人ホーム（特養）などにある**「ショートステイ（短期入所生活介護）」**を利用することもできる。しかし、介護保険サービスでは2か月前に申請する必要があるのと、都市部では空きベッドが少ないのが悩みの種。有料老人ホームのショートステイは緊急でも受け入れ可能だが、都市部では料金が1日1万円以上かかるところも少なくない。

さらに、「通い」を中心に、利用者の状態や希望によって「泊り」や「訪問」を組み合わせ、「住み慣れた地域で自分らしい暮らしを」と、自宅での生活を支援する**「小規模多機能型居宅介護」**もあるが、採算がなかなか取れないため、事業所は全国でまだ4000か所に満たない。

この施設は、「認知症グループホーム」や「認知症デイホーム」と同じような**地域密着型サービス**という市区町村独自のサービスとなるため、国が一律で行っている介護保険のサービスとの併用ができない。そのことも施設の普及を阻む要素となっている。

小規模多機能型居宅介護は、少人数の利用者に「泊り」「訪問」も含めてスタッフがかかわるため、**施設の力量が鮮明に分かれる施設**でもある。「自分だったらどんなことをやりたいか」を起点に個別ケアを追求する事業者も少なくなく、そうしたケアのちからのある施設では、家族からの依頼があれば看取りを行うこともある。

いいケアをする小規模多機能型居宅介護では、病院や自宅で寝たきりだった人が歩けるようになるといった症状改善のケースを、ずいぶんたくさん見せてもらった。

どこのデイからも断られた人が集まる神戸市の**「たるみな倶楽部」**では、利用者のほとんどが元「寝たきり」や、元「問題行動」の持ち主。車椅子を足こぎし施設中を走り回ることから「チョロＱ」の愛称をもらった元気な90代女性も、寝たきり状態でここに来た。統合失調症で奇声を上げ続けた女性も今は穏やかだ。

脳卒中で胃ろうをつけられた男性は発語ができず暴力的だったが、日ごろの観察の中で暴力の原因が「食べられないこと」にあるのではないかとスタッフが発見。訪問診療医と連携し、１食だけ口から食べられるようにしたところ、すっかり落ち着き、笑顔も見せるようになった。

藤沢市の**「おたがいさん」**は利用者に「何でもやってもらう」がモットーの、これまでにないケアを行う地域貢献型施設だ。利用者を若者向きカフェに連れ出し珈琲タイムをするかと思えば、漬物づくりや料理、染め物、大工仕事などをしながら、子どもたちと一緒に公園の掃除も行うなど、〝何でもあり〟の毎日の中で、利用者の元気と笑顔が広がっている。

小規模多機能型居宅介護の事業所は、民家やマンションを改修したものが多い。居間、台所、浴室、トイレのほか、宿泊用の部屋が数部屋ある。利用者は25人まで、日中の「通い」は15人、1日の「泊り」は9人までが上限だ。

利用料金は定額制で自己負担の目安は、月額4500（要支援1）～2万8000円（要介護5）。ほかに食事代（500円程度）や宿泊料金（2000円程度）、おむつなどの日常生活費が加算され、宿泊料金は地域や事業所によって数百～8000円程度の開きがある。

小規模多機能型居宅介護は、「通い」「泊り」「訪問」を組み合わせることができ、利用の時間にも制限がないため、自宅での介護のむずかしい認知症の人や、ひとり暮らしの認知症の人が利用することが多い。別の言い方をすれば、認知症になったおひとりさまでも、自宅と行き来しながらひとり暮らしをすることをサポートできる施設だ。

ただ、事業所の質にはばらつきがあるので、「自宅でできるだけ最期まで」を考える人は、こうしたさまざまな「通所介護サービス」があるということを知り、機会があったら見学してみるといいだろう。数は全国で300か所にも満たないが、医療ニーズの高い人を受け入れる「看護小規模多機能型居宅介護」も少しずつ増えているので、上手に利用したい。

◎全国小規模多機能型居宅介護事業者連絡会　しょうきぼどっとねっと
小規模多機能型居宅介護についての小冊子が郵送とダウンロードで入手できる。
・小規模多機能型居宅介護のご案内　http://www.shoukibo.net/panf/index.html

◎小規模多機能型居宅介護「たるみな倶楽部」http://www14.ocn.ne.jp/~tarumina/
兵庫県神戸市垂水区宮本町1－28　☎078－707－6669
◎小規模多機能型居宅介護「おたがいさん」http://www.aoicare.com/page2.html
神奈川県藤沢市亀井野4－12－35　☎0466－83－6317

介護保険以外のサービスも上手に利用

介護保険は公費で成り立っている制度。利用者が自力でできない部分を支援するのが目的なので、介護保険のサービスには限界がある。たとえば、家の大掃除や、庭の草むしりなど、日常の家事を超える部分は介護保険サービスの対象外。さらに病院での待ち時間（送迎はＯＫ）、散歩やデパートへの買い物、趣味の会などに通うときの付き添いも、サービス対象外となる。

介護保険サービスのホームヘルプは「身体介助」と「家事援助」のふたつに分かれるが、今後、要支援１・２が市区町村の事業となるため、要支援の人に対する「家事援助」がさらに少なくなるのではないか、と心配されている。

そこで必要となってくるのが、有償・無償のボランティアや民間の「支援サービス」。現状でも**社会福祉協議会の「ふれあいサービス事業」**、地域のＮＰＯの有償ボランティア、シルバー人材センターのサービスなどがあり、１時間９００～１０００円程度で介護保険以外の支援が受けられる。介護事業所の自費サービスや民間の家事支援サービスでは、1時間2000〜3000円が必要だ。

市区町村独自の高齢者福祉サービスも調べておこう。紙おむつの支給や購入費の助成、寝具丸洗い・乾燥消毒サービス、訪問理美容サービス、移送サービス、緊急一時宿泊、住宅改修費の助成などは要介護者が対象だが、認定を受けなくても利用できるものもある。

たとえば、弁当を家に届けて安否確認をする配食・会食サービス、電磁調理器・火災報知機の給付、緊急通報システムの貸し出し、電話料金の助成、乳製品の配達サービスなど。対象はひとり暮らしや高齢夫婦世帯、寝たきりの高齢者などだが、市区町村では高齢者を対象とした福祉情報冊子を毎年発行しているので、ぜひ入手しておきたい。

最近は高齢者向けの食事の宅配サービスも充実してきた。摂取エネルギーや栄養バランスの配慮はもちろん、飲み込む力や咀嚼《そしゃく》力に配慮した食事、糖尿病や高血圧などの治療食など、ニーズと味、価格によってさまざまなチョイスができるので、必要になってきたら、いくつかの試食コースを取り寄せ、検討してみるといいだろう。

「最期まで在宅」を考えるのなら、介護保険のサービス、介護保険外のサービス、国や自治体の助成制度などの情報を知り、積極的に活用していく必要がある。自宅に住み続けることの選択は、「おまかせにしない」という生き方の選択でもあるが、自分も地域の社会資源という意識をもつと、ボランティアも楽しくできるかもしれない。

《コラム》

終の住みか、敦子さん（80歳）の選択

東京近郊の今の地域に60年前、結婚を機に2軒分の土地を買って両親と隣同士で住みました。両親を自宅で看取ったあと、17年前に夫をがんで亡くしましたが、そのときに、すべてを処分して2人の子どもと財産分けをし、近くの２ＤＫの賃貸マンションに引っ越しました。

私の考える「終の住みか」は、「大っぴらに死ねるところ」ですね。わがままを言って死ねるところがいちばんいいと思い、両親も夫も在宅で看取りました。日本尊厳死協会に家族全員で入り、夫も自分の意思をきちっと決めていました。

25時間かかる手術をしても、抗がん剤を使っても治らないという結果が出た夫は、「家でがんと共生する」と言い、勉強会で知りあったドクターに毎日往診で緩和ケアをしてもらい、痛みのないまま35日で旅立ちました。

医療や介護にはアンテナを立てていたので、ドクターの協力を得ることができました。地域にどういう医療資源があるのか、どんなドクターがいるのかを元気なうちに探しておかないと、いざとなったときに探せるものではない、と思います。

ふだんから家族で話し合い、本人の望みをかなえてあげるのが、本当の愛情だという「互いの覚悟」があったから、家族全員、何の後悔もなく夫を見送ることができました。それがないと周囲からいろいろ言われるたびに迷ったでしょう。最後の限られた時間の中で、それはとてももったいない。今までいた人がいなくなるのだから寂しいけれど、その人の望みをサポートできたという思いは、みんなの中に残ります。

私は自分で書いた終末期医療への指示書を、いつも肌身離さず身につけています。それがないと、子どもたちも医療者も困り果ててしまうだろうし、何よりも、世の中への礼儀だと思うから。

80歳を超えたら有料老人ホームに入ろうと、ず

いぶんたくさんの有料老人ホームを見学しました。候補も考えたけれど、その前に今のマンションで死ぬことになるかもしれないし、外で事故に遭って死ぬかもしれない。人のいのちは誰にもわからないので、外出するときには、テーブルの上に証書や遺言も含め全部置いて出ます。子どもたちにもそのことを伝え、海への散骨の手続きもしてお金も払い込みました。

「おいとまをいただきますと戸をしめて出てゆくやうにゆかぬなり生は」と歌人の齋藤史がうたいましたが、いのちは望んでも戸を閉めるように終えることはできません。今は今なりの旅立ちの準備をするしかなく、自分の人生の先がわからないのが悩ましいですね。

17年前、マンションに入る前に相当片づけたつもりだったのに、いつの間にかそこが「住み慣れた我が家」になり、ものがまた増えました。マンションの下は桜並木で桜のシーズンはピンクの雲の上に浮いているよう。部屋もゆったりしているので、これに別れを告げて有料老人ホームに入るのが、最近、少し惜しくなってきました。

有料老人ホームへの住み替えを考えていたのは、ここで死ぬと大家さんがあとを貸しにくくなるのではないか、と考えたからです。でも、先日、下の部屋の方が亡くなったとき、ここに最期までいることも可能だと思いました。近いうちに「ここで死んでもいいですか？」と聞いてみようかな。大家さんは、きっと「まあ、いいでしょう」と言ってくれるだろうから、そうしたら、今の住まいが「終の住みか」になります。

動けなくなったり、認知症になったら、子どもたちに指示しておいて、自分で選んだ施設に入れてもらえばいい。人生一寸先は真っ暗だから、先を見越してできる限りのことをしておいて、あとは「ごめんなさい」しかないですよね。

人に迷惑をかけない限りは、住み慣れた部屋、住み慣れた地域で暮らし続けるのがいい……。そんなことを、最近、考えるようになりました。

第２章

高齢者住宅に住む

自宅からの「住み替え」を考えるとき

私が高齢者住宅と施設回りを始めたのは、10年来、介護者&後見人として自宅でのひとり暮らし生活を支援してきた認知症の友人の丸子さん（79歳）が、重い拒食症状で入院した際、担当医から「ひとり暮らしはもう無理です」と言われたのがきっかけだった。

このときは本人が「施設は絶対イヤ」と言い張ったので、「どうなっても知りませんからね」という医師の捨て台詞を背に自宅復帰を果たしたが、認知症を発症してから当時ですでに6年。自宅でのひとり暮らしがむずかしくなる日もそう遠くないかもしれないと考え、高齢者住宅（有料老人ホーム、サービス付き高齢者向け住宅など）と施設を回り始めた。

高齢者住宅や施設への入居を考えるのは、親や伴侶に介護が必要となったとき。あるいは自分自身が「老後の安心」を求め、住み替えを決めたときだろう。だが、複数の高齢者住宅紹介業者に聞くと、**「ほとんどは親のためで、自分のためにホーム探しをする人は1割に満たない」**という。

高齢者住宅の現状を数字で調べてみた。有料老人ホームの入居者は、全国どこでも平均年齢82～83歳。「介護付き」と「住宅型」合わせて約30万室のうち、自立者向け居室はわずか1割だ。介護サービスがついていない「住宅型」でも、要介護者向け居室が9割以上を占めている。

厚労省が「元気高齢者」用に推進しているサービス付き高齢者向け住宅（サ高住）も、フタを開けてみたら、入居者の８割近くが「介護」の必要な人たちだった。元気な「自立」入居者は２割弱。入居者の年齢も平均82・６歳で、大半は家族の選択で入居が決められていた。

私の高齢者住宅・施設回りの目的は、限られた予算でどこまで彼女らしい「終の住みか」を選択できるかということだった。特別養護老人ホーム（特養）では新設ができたと聞くと、23区以外の区提携施設にも足を運んだ。高齢者住宅は当時の高齢者専用賃貸住宅（高専賃）から予算オーバーの高級有料老人ホームまで、友人の建築家と夫婦を装ったりしながら見学した。認知症グループホームは取材も兼ね、居住する世田谷区のほとんどを取材した。

見学を始めた当初は、高齢者住宅や施設のケアの違いがほとんどわからなかった。だが、区内の特養で１年間ボランティアをし、あらゆるタイプの認知症の人に接したことと、時間をかけてグループホームの取材をしたことで、施設でのケアのあり方が少しずつ見えるようになった。

丸子さんは２０１３年１月に居住区内のグループホームに入居した。骨折が多くなり、見守りの必要性が高くなったことと、10年間のあいだに認知症がそれなりに進行し、「集団生活」に対する葛藤が彼女自身になくなってきたからだ。

設立規制のゆるいグループホームは質もピンキリで、運営年数の長いところでは入居者の重症化が進み「特養化」しているなどの問題もある。しかし、後述するように、本人の資金と首っ引きで彼女のための「住み替えの場」として選んだのは、認知症の人のケアにはもっとも適していると思ったグループホームだった。

しかし、認知症にならなかったら丸子さんは、どんな暮らしをしているのかと、時折、考えることがある。自宅を縮小し「最期まで在宅」の体制を整えているだろうか、それともひとり暮らしがつらくなって、早目に高齢者住宅に入っているだろうか。

住宅問題もおひとりさまの時代

一軒家であれマンションであれ、住み慣れた家で老後を過ごしたい、と思っていても、体力や健康に不安が出てくると、高齢者住宅への住み替えもやむをえないのではないか……という人が増えてくる。配偶者を亡くしておひとりさまになったことを契機に、住み替えを考える人も少なくない。

しかし、高齢者を対象とした住まいは種類も多く、窓口もさまざま。「情報は山のようにあるが、内容が複雑でよくわからない」というのが実情だ。「見学すればするほど混乱する」という声もある。国の高齢者住宅の管轄は厚生労働省と国土交通省のふたつにまたがり、かかわる法律もちがう。各自治体では独自に高齢者住宅を提供し、運営にも民間企業や医療法人の参画が増えている。選択肢が増えれば増えるほど、混乱の度は進んでくる。

老後をいきいきと元気に暮らすためには、３つの原則がある。

①自分で決めること。

②自分自身のもてる力を出しきること。
③居住を不連続にしないこと。

これはデンマークの**「高齢者福祉の3原則」**と呼ばれるものだが、高齢期の住まいの選択に関しても同じことが言える。これに加え、高齢者住宅への住み替えには、考えておかなければならない大きなポイントが３つある。ひとつめは「住み替えどき」、ふたつめは「介護や医療」への対応をどうするか、３つめは、そこを自分の「終の住みか」としたいかどうか。

ところで、「住まい」と「施設」の違いとは何だろう。「住まい」の条件は大きく見ると５つある。①個の空間が確立されていること、②共有空間が豊かであること、③地域に開いていること、④医療・介護などの在宅を支えるサービスがあること、⑤安全・快適・更新性の５つだ。

最近では「施設」である特別養護老人ホーム（特養）でも、「住まい」をめざした個室・小規模生活単位の居住空間「ユニットケア」が増えてきた。しかし、施設では個室でも暮らしに欠かせないキッチンや浴室はない。トイレや洗面所があるところもあるが、共用は珍しくなく、プライバシーが保てないふたり部屋や４人部屋も少なくない。

「住まい」の第一の条件が、その部屋でプライバシーを保ちながら快適な生活ができることだとすれば、キッチンと洗面所、トイレは室内にあってほしいし、できれば浴室も部屋についていてほしい。生活に必要な家具が入れられ、室内を行き来することができ、日々の体操くらいはできるスペースも最低限必要だ。

いっぽう広さはと見ると、**高齢者向け住まいの広さの基準**は、サービス付き高齢者向け住宅（サ高住）が原則25㎡以上、有料老人ホームが13㎡以上、認知症グループホームが7・43㎡以上、特別養護老人ホームが10・65㎡以上、と定められている。

有料老人ホームの最低基準の13㎡は6畳に押入れがついた広さだが、高額な費用を取ってその広さでは人が入らない、ということで、実際には介護居室でも平均18～19㎡となっている。数字だけ見ると25㎡と、一見広そうなサービス付き高齢者向け住宅も、実際には18㎡のほうが多いので、どちらも広さの平均はだいたい同じことになる。

高齢者住宅では、18㎡ではトイレと洗面台、25㎡になるとそこに浴室と小さなキッチンがつく構造が基本だ。広いほうの25㎡の床面積は15畳だが、トイレ、浴室、洗面のスペースと玄関を除くと実際には8畳程度。1Kかワンルームの広さで、家には寝に帰るだけという若者ならまだしも、部屋にいることが多い高齢者が住み替えをする場所としては狭いように思う。

共有空間はピンキリだ。特養やサービス付き高齢者向け住宅でも、ゆったりした食堂やリビングがあるところもあれば、有料老人ホームでも狭い共有空間しかないところもある。

生活を支えるサービスと安全については、国や自治体の目もあるので、ピンキリではあっても曲がりなりに備わっている。しかし、**「地域に開いていること」**となると、ほとんどの高齢者住宅の目は地域に向いていない。しかし、元気高齢者の多く住む高齢者住宅では、居住者がいきいきと活動できる場を広げるためにも、地域との接点があるかどうかは大切なポイントになってくるはずだ。

費用の点から考えると、以前は高嶺《たかね》の花と言われた有料老人ホームも、最近ではずいぶん安価になった。入居一時金が億単位の超高級ホームもあるが、「住宅型」の入居一時金は都市部で1000万〜2000万円程度、「介護付き」では400万円程度が平均だ。社宅や社員寮を改築したホームでは、入居一時金ゼロや100万〜200万円も増えている。

部屋の広さに加えて、**高齢者住宅で重要なのはサービスやケアの質**。こうしたことを考えに入れながら、自分が納得した「住まい」を選びたいと思うのなら、頭もからだも気力もある元気なうちから考え始めるのが理想だろう。結論が出るには5年やそこらはかかるからだ。

離婚後、60歳で有料老人ホームに移り住み、ボランティアをしながら地域とのつながりを深めている女性や、若いころから大好きだった京都のシニアマンションを、退職金をつぎ込んで購入した61歳のずっとおひとりさまの女性……。

そんなふうに60代で高齢者住宅に住み替えた人もいるが、住み替えを考える人たちに話を聞くと、考え始めるのは「75歳」くらいから、入居の目安は「80歳」という答えが多い。

実際、**日本人の健康寿命**を見ると男性71・19歳、女性74・21歳（2013年）で、それまで元気だったシニア層に要介護の影が忍び寄ってくるのは75歳以降。80〜84歳では4人にひとり、85〜89歳では6割近く……と年齢が上がるにしたがって介護が必要な人が増えてくる。「80歳」というのは、それをなんとなく感じた選択と言ってもいいかもしれない。

「住み替え」で後悔しないために

「ローマは1日にしてならず」のたとえを当てはめるのは大げさだが、短期間では納得の「終の住みか」選びはむずかしい。お金はあるに越したことはないが、お金をかければいいところが見つかるわけではないからだ。ケアの質は千差万別。建物も立派で一見よさそうな有料老人ホームでも、入ってから**「こんなはずではなかった」**ということもある。

恵理子さん（51歳）は、半年前に亡くした母親のことで、悔やんでも悔やみきれないことがある。母親の静子さん（82歳）は父の死後、横浜の実家でひとり暮らしをしていた。名古屋に住む兄は母親のひとり暮らしに反対で、家を売って有料老人ホームに入ることを勧めていた。

結婚している恵理子さんの家は、実家から車で2時間ほどのところだったので、ときどき母の様子を見に帰っていたが、しっかりもので地域に友人も多い母は、今日は趣味の会、明日は地域の支え合いの会と忙しそうに日々を送っていた。だから、恵理子さんは兄の意見には反対で、母が自分で住み替えしたいと思うまで自宅に住めばいい、と考えていた。

2年前、静子さんは心筋症を起して3週間の入院をした。治療の経過もよく、退院後は母が自宅に戻ることを望んでいたので、恵理子さんはそれを後押ししながら、「住み替え」のこともおいおい考えていこうとふたりで話していた。だが、兄はこれを機に住み替えたほうがいいと、知り合いから紹介された名古屋の新設ホームへの入居を強引に母に勧めてくる。

これまで築いた地縁を捨て、新しい環境に母がなじめるのかと恵理子さんは不安だったが、「それなら、お前がお母さんと同居できるのか」と言われ、それ以上の反論ができなかった。恵理子さんの家は狭いし、大学生の息子もいる。一家で実家に移るという手もあるが、夫と自分の仕事場から遠くなる。逡巡しているうちに兄は母を説得し、そのホームとの契約をしてしまった。

心配なので、契約前に恵理子さんはホームを見学に行った。初めての経験だったからどこをどう見たらいいのかわからなかったが、「横浜だったら、この予算では入れません」と説明されたオシャレな外観・室内と、過剰なくらい丁寧なスタッフ対応に、いちおう納得して帰ってきた。

ところが2か月後、母の様子を見にホームに行くと表情が暗い。聞いてみると「部屋が狭いし、毎日が楽しくない」と言う。そこは介護付きのホームで「最期まで自分の部屋で」という終身タイプ。母の部屋は1DKのキッチン、浴室、トイレ付だが、一軒家で悠々と暮してきた母にしてみれば、まさに「ウサギ小屋」だ。

自立の人でも要介護の人でも入れる「混合型」とあって、趣味の会などのアクティビティはホーム内にたくさんあるが、実際には認知症の人が多いため話のできる人がなかなか見つからず、門限もあって自由に外出ができないという。

駅や繁華街も遠いし、何か地域で活動を、と思っても、ホームと地域とのつながりがないので、周辺の様子もわからない。「コンシェルジュなんてシャレた名前を付けているけど、肝心なことは何も知らないのよ。こんなところに来るんじゃなかった」と、さんざん嘆かれた。「近くだから、できるだけ訪ねる」と言っていた兄夫婦も、1、2度、食事に連れ出してくれたが、それ以降は思い出したように電話があるだけだという。

そのうちに、しゃきっとしていた母のからだの動きが鈍くなり、「腰が痛い」「だるい」と言うようになった。ホームに聞くと「体操は毎日やっています」と答えるが、「散歩は?」と聞くと、「あまりお出かけにならないようです」と言う。「散歩に誘っていただけますか?」と頼むと、「別料金になりますが」。笑みを浮かべた受け答えは丁寧だがマニュアル的だ。その答えを聞いて恵理子さんはホームのケアの質に疑問をもった。

ホームのアクティビティにも参加せず、部屋にこもることが多くなったせいか、あれだけシャープだった母の受け答えもどんよりしてきた。母の様子とホームの対応が気になった恵理子さんは、兄夫婦に訪問と連れ出しを頼むとともに、自身でもできるだけ訪問を増やすことにした。

そして、母に認知症が始まり、要介護認定が下りると兄との関係も険悪になった。本や雑誌を通じて高齢者住宅についての情報を知り、セミナーなどにも通ううちに「ここではダメだ」と確信した恵理子さんが、別の有料老人ホームへの転居を主張したからだ。

しかし、母の面倒は自分が見ると決め、ケアのよさそうなホームを横浜近郊でいくつか見つけて、これから絞り込んでいこうと考えていた矢先、肺炎を起こした母は、救急搬送された病院で亡くなった。ホームのスタッフが母の容体の変化に気づくのが遅かったのが、手遅れの原因ではなかったかと恵理子さんは疑っている。

事前のリサーチや見学をちゃんとしなかったために、住み替えをしてから後悔をするという、恵理子さんのようなケースは少なくない。自分の住み替えの場所は時間をかけて選んでも、両親や伴侶の場合は急いで決めざるを得ないことも多く、恵理子さんの兄のように「知人に勧められたから」と、安易に決めてしまう人もいる。

高齢期の「住み替え」は、そこで人生を終える「死に場所選び」にもなるので、本人の希望を尊重し、気になることはきちんと確認しておきたい。そこで「看取り」を希望するのであれば、医師の訪問診療を含め、どういう対応を整えているのかも確かめておこう。

高齢者住宅・施設の基礎知識

これだけの種類がある高齢者住宅と施設

では、高齢者の住まいにはどんな選択肢があるのか、11ページの図を参考に見てみたい。基本になるのは「自宅で暮らしたい」のか「高齢者住宅や施設に住み替えたい」のかという選択だ。

２０１４年４月現在で、高齢者住宅・施設の居室数は約１８３万室（タムラプランニング＆オペレーティング調べ＝以下同様）。高齢者人口に占める供給率は約６％だ。内訳を見るともっとも多いのが**特別養護老人ホーム(特養)**で約52万室、**介護老人保健施設(老健)**が約35万室と続き、**有料老人ホーム**は「介護付き」と「住宅型」などを合わせ約33万室、**サービス付き高齢者向け住宅**は約14万戸の順となっている。詳しく見てみよう。

費用負担が大きくても、設備やサービスが整っていることの多い有料老人ホームには、**介護付き有料老人ホーム**(19万2415室、うち要介護者向け16万7341室)、**住宅型有料老人ホーム**(14万8040室　うち要介護者向け居室14万1226室)、**健康型有料老人ホーム**(自立者向けのみ　715室)の3種類があり、「健康型」はごくわずかだ。

居室の内容を見ると「介護付き」でも「住宅型」でも、要介護者向けの居室が圧倒的に多いことに気づく。「介護付き」と「住宅型」合わせて約34万室のうち、自立者向け居室はわずか1割。介護サービスがついていず、一見、自立の人が多そうな「住宅型」でも、実際には要介護者向けの狭い居室が9割以上を占めている。有料老人ホームに関心をもつのは、元気高齢者よりも介護が必要となった人だということの表れでもあるのだろう。また、有料老人ホームを名乗りながら申請をしていない無届有料老人ホーム(6597室、うち要介護者向け居室3455室)もある。

ケアハウスと有料老人ホームの中間にあるのが、2012年に創設された**サービス付き高齢者向け住宅**(14万3975室　うち自立者向け居室3万3794室)だ。これは旧来の高齢者向け優良賃貸住宅(高優賃)、高齢者専用賃貸住宅(高専賃)など高齢者向け住宅のうち、国が定めた条件に合う住宅を登録制にしたもので、厚労省と国土交通省は「元気高齢者」の住み替え用として推進している。

だが、実際には「早目の住み替え」のニーズに応じた居室は少ない。数字を見ても要介護者向け居室が自立者向けの３倍以上あり、要介護者の多さをうかがわせるが、実際、フタを開けてみたら、入居者の８割近くが「介護」の必要な人たちだった。入居者の年齢も平均82・６歳で、大半は家族の選択で入居が決められていた。

自立のうちの住み替えを「低予算で抑えたい」人向けには、家賃補助が出る可能性がある**ケアハウス**（７万８６１１室）や、自治体独自の**シルバーハウジング**（２万３７１１室）があるが、数は全国で10万室に満たない。

このほか、数は少ないが**分譲型ケア付きマンション**（９４２１室）などもある。以上は「高齢者住宅」として、**介護保険上では自宅に準ずる「居宅」**というカテゴリーにまとめられている。

介護が必要になっての住み替え場所としては、安価だが待機者の多い**特別養護老人ホーム**（特養＝52万５６０９室）、病院と自宅との中間施設の**介護老人保健施設**（老健＝35万７９３４室）、長期の療養が必要な場合、介護も含めてサービスが受けられる**介護療養型医療施設**（７万１７２４室）、認知症の人が少人数で共同生活を営む**認知症グループホーム**（18万５３９７室）があり、これらは**「施設」**というくくりになる。

16種類もある高齢者住宅と施設を、からだの状態（自立～要介護）と経済力（低～高）で示

主な高齢者住宅・施設の種類と概要

	種別	特徴	入居年齢	入居時の身体条件			月額費用	介護保険サービスの適用
				自立	要支援	要介護		
介護保険施設	特別養護老人ホーム	介護が常時必要な人に対し、生活全般にわたって介護サービスが提供される。個室・多床室などで費用が異なる。待機者は52万人とも。	原則65歳以上	×	×	○	5万円～15万円	施設サービス
介護保険施設	介護老人保健施設	病院と自宅の中間施設。病院で入院治療する必要はないが、自宅での生活が困難な高齢者が介護・看護・リハビリテーションを受ける。	原則65歳以上	×	×	○	6万円～16万円	施設サービス
介護保険施設	介護療養型医療施設（介護型療養病床）	長期の療養が必要な場合、介護も含めてサービスが受けられる。2017年度末までに廃止が予定されているが、先行きは不透明。	原則65歳以上	×	×	○	7万円～17万円	施設サービス
居住系施設 軽費老人ホーム	ケアハウス（一般型）	身の回りのことができる高齢者の入居が基本。所得制限はなく、日常の基本的なサービス（食事・入浴等）を受けることができる。	原則60歳以上	○	△	△	7万円～15万円	居宅サービス
居住系施設 軽費老人ホーム	ケアハウス（介護型）	特定施設入居者生活介護の指定を受けているケアハウスで、要介護認定を受けると、ケアハウス事業者が提供する介護サービスを受けられる。	原則65歳以上	×	○	○	8万円～18万円	特定施設入居者生活介護
居住系施設 軽費老人ホーム	軽費老人ホーム（A型）	家族との同居が困難な高齢者のために、食事・入浴・緊急時対応のサービスが付いた住宅。低額な料金で利用できる。	原則60歳以上	○	△	△	6万円～14万円	居宅サービス 特定施設入居者生活介護
居住系施設 軽費老人ホーム	軽費老人ホーム（B型）	軽費老人ホーム（A型）と同様だが、食事サービスは付いておらず、自炊となる。	原則60歳以上	○	△	△	0.5万円～4.5万円	居宅サービス 特定施設入居者生活介護

居住系施設	有料老人ホーム	介護付有料老人ホーム（入居時自立）	自立の時から入居し、独立した居室で食事や生活支援サービスを受けながら暮らす。要介護状態になれば、介護居室に移り住むなどして、継続してサービスを受けられる。入居金など高額なものが多い。	概ね60歳以上	○	×	×	15万円〜30万円	特定施設入居者生活介護
居住系施設	有料老人ホーム	介護付有料老人ホーム（要支援・要介護者向け）	入居時に要介護認定を受けていることが条件となる場合が多い。居室はワンルームにトイレ・洗面付きが多い。費用は低額から高額まで幅広い。一時金を必要としないものも増えている。	概ね65歳以上	△	○	○	20万円〜30万円	特定施設入居者生活介護
居住系施設	有料老人ホーム	住宅型有料老人ホーム	食事や見守りなどのサービスは付くが、介護は別契約で居宅サービスを利用する。訪問介護事業所を併設し、要介護者対応のものもある。	概ね60歳以上	○	○	○	20万円〜30万円	居宅サービス
居住系施設	有料老人ホーム	健康型有料老人ホーム	食事等のサービスが付いている。介護が必要となった場合には、契約を解除して退去しなければならない。	概ね60歳以上	○	×	×	20万円〜30万円	—
居住系施設	GH	認知症高齢者グループホーム	軽度〜中度の認知症で要支援２以上の人が対象。少人数（基本は９人単位で最大18人）で、家庭的な共同生活を送りながら生活する。	原則65歳以上	×	△	○	15万円〜30万円	認知症対応型共同生活介護
賃貸住宅		シルバーハウジング	設備・仕様が高齢者向けに配慮された公的賃貸住宅。生活援助員が安否確認や生活相談等に応じてくれる。	60歳以上	○	△	△	1万円〜13万円	居宅サービス
賃貸住宅		サービス付き高齢者向け住宅	民間事業者などによって運営され、都道府県単位で認可・登録されたバリアフリーの賃貸住宅。見守りと生活相談、食事のサービスはつくが、介護は外部から導入。介護施設・事業所併設も多い。	60歳以上	○	○	○	12万円〜30万円	居宅サービス 特定施設入居者生活介護

長谷工総合研究所の資料をもとに作成

したのが90ページの図だ。国の取り組みも始まっているが、ますます進む高齢化の中で、今後、増え続けることが予想される介護度の高い高齢者と、ひとり暮らしや老老介護の高齢者、そして「生活保護未満」の高齢者の住宅問題が、大きな課題となっている。

高齢者の「住まい」の歴史

ここで、高齢者の「住まい」を理解するために、高齢者住宅と施設の変遷を振り返っておこう。**高齢者施設の先駆け**となるのは、1895（明治28）年に、イギリス人伝道師が東京芝に設立した聖ヒルダ養老院だ。**養老院**はその後しばらく民間の宗教団体運営の施設にとどまっていたが、1932（昭和7）年に「救護法」の制定で初めて国の制度として位置づけられた。

そして、戦後の1950（昭和25）年に「生活保護法」が制定されるとともに、養老院から**「養護施設」**という名称に変わり、1963（昭和38）年に制定された「老人福祉法」で**「老人ホーム」**と改称。現在のように「特別養護老人ホーム」「養護老人ホーム」「軽費老人ホーム」の3種類に分けられ、介護度や収入に応じて施設を選択できるようになった。

いっぽう**有料老人ホーム**は、1951（昭和26）年に日本基督《キリスト》教団敬愛会が東京都大田区に設立した日本基督教団敬愛寮が日本初とされる。1955（昭和30）年には静岡県熱海に簡易保険郵便年金加入者ホームがオープン、以後、施設とは異なる高齢者住宅が徐々に増えていった。

《散歩が楽しくなる本》

野の花さんぽ図鑑

長谷川哲雄［著］　◎7刷　2400円＋税

花、葉、タネ、根、季節ごとの姿から花に訪れる昆虫の世界まで、野の花370余種を昆虫88種とともに二十四節気で解説。絵だからはっきりわかる、植物のすべて！

森のさんぽ図鑑

長谷川哲雄［著］　◎2刷　2400円＋税

300種に及ぶ新芽、花、実、昆虫、葉の様子から食べられる木の芽の解説まで、春から夏までの身近な木々の意外な魅力、新たな発見が満載！

野の花さんぽ図鑑　木の実と紅葉

長谷川哲雄［著］　◎2刷　2000円＋税

秋から初春までの植物の姿を、繊細で美しい植物画で紹介。250種以上の植物に加え、読者からのリクエストが多かった野鳥も収録！

《からだと暮らし方の本》

おひとりさまの終の住みか

自分らしく安らかに最期まで暮らせる高齢期の「住まい」

中澤まゆみ［著］　2000円＋税

親のために自分のために、高齢者住宅をとりまく複雑な制度や仕組みを、わかりやすく解説。

おひとりさまでも最期まで在宅

平穏に生きて死ぬための医療と在宅ケア

中澤まゆみ［著］　◎3刷　1800円＋税

安らかな看取りを受けるために、本人と家族が知っておきたい在宅医療と在宅ケアと、その費用について。

メグさんの女の子・男の子からだBOOK

メグ・ヒックリング［著］　三輪妙子［訳］

◎10刷　1600円＋税

赤ちゃんはどこからくるの？　からだと性についての子どもからの質問に上手に正しく答えるための本。

メグさんの男の子のからだとこころQ&A

１９７０年代になると高齢者住宅不足が深刻になり、それとともに、国の福祉政策で「住まい」に対する対策が取られるようになった。福祉審議会でも「老人ホームのあり方」として、それまで大部屋、病棟構造、低所得者対策、医療的な性格が大きな特徴だった特別養護老人ホームでの、**プライバシー保護や居住空間の快適性**が指摘されるようになり、指導が入らなかった有料老人ホームに対しても指導方針が求められるようになった。

１９８０年代になると**福祉政策と住宅政策の連携**がはかられるようになり、１９８７（昭和62）年には厚生省（当時）と建設省（当時）の連携で、必要に応じて生活支援サービスが受けられる、バリアフリーの公営賃貸住宅**「高齢者世話付住宅（シルバーハウジング）」**がスタートした。

80～90年代は、**有料老人ホームが急速に増えた時代**でもある。１９８０年にはわずか76か所だった開設数は１９９０（平成２）年には１７３か所に増え、乱立に加えて入居一時金が高騰するなどしたため、同年に「有料老人ホーム設置運営標準指導指針（ガイドライン）」が全面改訂され、それまでの「事後」届け出制が「事前」届け出制になり、行政の改善命令も可能となった。

高級化が進んでいた有料老人ホームは、バブルの崩壊とともに低価格の時代に入った。それまでは元気高齢者を対象とした、入居一時金が数千万円以上のタイプが中心だったが、社員のリストラなどで売りに出された社員寮などを改修した、入居一時金３００万～５００万円のタイプが登場するようになった。

１９９７（平成９）年には**「介護保険法」**が成立し、老人福祉法の改正によって高齢者介護に関する行政的な責任は市区町村に一元化された。2000（平成12）年に介護保険制度が始まったことで、有料老人ホームも大きく様変わりした。介護保険が始まる前には一定程度以上の所得がある高齢者が介護を受ける場合は、全額負担が原則だった。

しかし、介護保険導入後は入居者の介護費用負担が1割となり、「特定施設入居者生活介護」の指定を受けたホームは定額報酬を受けることができるようになったため、有料老人ホーム建設の動きは再び活発になり、とくに「介護付有料老人ホーム」は2000年に296施設だったのが、2006（平成18）年には1732施設へと急増した。

2002（平成14）年から**有料老人ホームは「住居」**とみなされるようになり、「住まい」としての充実が求められるようになったが、有料老人ホームが増えるにしたがって問題も顕在化してきた。

経営が安定せず倒産するホームや、入居一時金の返還ルールのないホーム、「無届けホーム」などが多くなったことから、2006（平成18）年に老人福祉法と介護保険法が改定される中で、有料老人ホームの要件が変更され、行政の監督権限が強化された。

安定した高齢者住宅の確保と増え続ける介護費を抑制することを目的に、介護保険を使って施設内部で介護ができる、**特定施設**の新規開設について各地方自治体が制限する「総量規制」（102ページ参照）が始まったのも、このときからだ。そして、特定施設に認定されない高齢者住宅として外部サービスを利用する「住宅型」の分類が始まったことで、有料老人ホームのシステムは非常にわかりにくくなった。

いっぽう、高齢者向け賃貸住宅ではそれまで、介護が必要となったら退去を求められるケースが多く、行政の指導が行き届かないうえに、事業者のルールもなかった。また、有料老人ホームでは介護が必要になったときの事業者の判断による一方的な居室移動や、入院時の退去が求められるケース、入居一時金に関するトラブルが少なくなかった。

こうした課題を背景に、国は２００１（平成13）年に**「高齢者住まい法」**（高齢者の居住の安定確保に関する法律）を制定し、高齢者の入居を拒否しない「高円賃（高齢者円滑入居賃貸住宅）」の登録制度が始まった。

その後、もっぱら高齢者に賃貸する「高専賃（高齢者専用賃貸住宅）」、バリアフリーの「高優賃（高齢者向け優良賃貸住宅）」として供給が進められてきたが、２０１１（平成23）年４月から右記の３種類を順次廃止し、基準をクリアしたものを「サービス付き高齢者向け住宅」として登録できることになった。

駆け足で高齢者住宅と施設の歴史を見てきたが、高齢者住宅については国の場当たり的な高齢者住宅施策のせいで、とてもわかりにくくなっている。それを踏まえて、この章では高齢者住宅について整理しながらガイドしていきたい。

「住まい」としての高齢者住宅

有料老人ホームとサービス付き高齢者向け住宅のちがい

高齢者住宅や施設のなかでも、「どこがどうちがうのかわからない」と混乱を招いているのが「有料老人ホーム」と「サービス付き高齢者向け住宅（サ高住）」だろう。**最大のちがいのひとつは契約形態だ。有料老人ホームの多くは利用権契約**で、この方式をとった場合には**「入居一時金」**という、入居後の想定期間内の家賃相当額を一括前払いするシステムがあり、いわば終身利用権の費用という位置づけとなっている。

入居一時金の金額はホームによってさまざまで、内閣府調べでは平均1280万円だが、0円から数千万円、中には数億円するところもあるなど格差が非常に大きい。入居一時金についてはその15～30％を初期償却として入居時に償却し、5～10年の償却期間のあいだに均等割で償却するという有料老人ホームが多い。

月々の費用は「居住費（家賃相当分）」＋「管理費（共益費＋基本サービス料）」＋「食費」＋「水道光熱費」＋「生活実費」。要介護になると介護付き有料老人ホームでは「特定施設入居者生活介護」サービス費として、介護保険サービス利用料の1割を負担する。また多くの有料老人ホームでは、特養よりも介護を手厚くするため、上乗せ介護費用を設定していることが多い。それ以外に有料サービス費が必要になることもある。

介護の上乗せ費用というのは、介護付き有料老人ホームで基準を上回るスタッフが配置されている場合の費用で、ひとりのスタッフが３人の入居者にかかわる「３対１」という特養の基準を上回れば加算をつけることができる。「２対１」というのは「利用者２人に対してひとりのスタッフをつけている」ということで、「１対１」というホームもある。しかし、スタッフが多ければケアの質がいい、というわけではない。

居室の広さは最低13㎡の基準があるが、実際には18㎡〜19㎡が平均で、「一般居室（自立用）」「介護居室」といったタイプや払う金額によって居室の広さも変わる。月額利用料は平均18万〜25万円。入居金を含め５年間滞在した場合で平均24万９０００円というデータもある。

つぶれたホテルや社員寮などの施設を購入し改装した〝リノベーション型〟有料老人ホームでは、入居一時金が０円から１００万円未満、月額利用料が15万円以下、という格安版があると思えば、広い居室に加えて広々とした共有スペースのある入居一時金１億円以上、月額利用料50万円以上の富裕層向けもあり、どんな生活、どんなサービスを望むかによって内容も費用も大きく変わってくるのが有料老人ホームだ。

いっぽう、**サービス付き高齢者向け住宅はほとんどが賃貸契約**。建物賃貸借契約と同時に、生活支援サービス利用契約を結ぶことになっているが、２つの契約を別々の会社と結ぶこともある。賃貸借契約では賃借権が保障されるため、賃借料を支払っている限り権利を維持できることになっているが、入院時の扱いや、認知症になった場合の扱いなどを定めているケースもあるので、契約の際には注意したい。

サービス付き高齢者向け住宅では、ふつう入居一時金はない。入居時には敷金2～3か月（礼金を取るところも）と前家賃だけというところが多いが、有料老人ホーム並の数千万～1億円以上の「前払い賃料」を取るところもあって、**実際には「何でもあり」**の世界だ。

サービス付き高齢者向け住宅の月々の費用の基本は「賃料（家賃）」＋「管理費（共益費）」＋「水道光熱費」で、追加サービスとして安否確認・緊急通報・生活相談などの「サービス支援費（施設提供サービス）」と「食費」を契約する。介護は「サービス」のうちには入っていない。

金額の目安は、賃料5万～10万円、共益費2万～3万円、水道光熱費5000～1万5000円、サービス支援費2万～5万円、食費4万～5万円で、合わせて13万～24万円。介護サービスなどそれ以外の費用は、それぞれが必要に応じて契約することになっている。

居室の広さは25㎡以上となっているが、共有スペースが広ければ18㎡でもいいとされ、その広さの基準も自治体の判断とあって、実情は7割以上が18㎡となっている。サービス付き高齢者向け住宅には、住宅型有料老人ホームにあるような機械浴室、健康相談室、共有アクティビティスペースなどは少なく、共有スペースが食堂兼リビングルーム程度のところが大半だ。

サービス付き高齢者向け住宅も、有料老人ホームと同じように建物、内装、設備に大きな格差があり、高額なところでは居室の大きさが50㎡以上、共有部にプールやスポーツジムなどのあるところもあれば、低所得者向きでは寮のようなところもある。

新築が増えているとはいうものの、高優賃、高専賃などからの移行組（６万室）や、有料老人ホームと同じようにビジネスホテルや社員寮などを改装した〝リノベーション型〟も含め、外見、内装、費用は実にさまざま。しかし、倒産したラブホテルを不動産・建築業者が購入し、サービス付き高齢者向け住宅に改装したと聞いたときには複雑な思いがした。

基準、管轄、法律のちがい

もうひとつ両者には大きなちがいがある。それは**有料老人ホームが「生活支援をする場所」**で、**サービス付き高齢者住宅は「住居を提供する場所」**とされていることだ。両者は所轄も法律もちがい、有料老人ホームの所轄は厚生労働省で**「老人福祉法」**にもとづく制度、サービス付き高齢者向け住宅は国土交通省と厚生労働省の共同所轄で、**「高齢者住まい法」**にもとづく制度となっている。

有料老人ホームの特色は、介護、食事、家事援助、健康管理などの「支援」がセットで提供されること。管轄である都道府県から認可されるためには、エレベーターの設置や廊下の幅をはじめ、食堂、談話室、医務室、機械浴のできる浴室などの設置基準や、人員配置、有資格者の人数など**細かい規定をクリアしなくてはならない**。

いっぽう、サービス付き高齢者向け住宅は、①居室面積が原則25㎡以上、②段差を取り除くバリアフリー設計、③安否確認・生活サービスの提供の3点がおもな基準で、これらを満たす住宅には国が建設費（10分の1、1戸あたり100万円が上限）などを補助してきた。

登録したサービス付き高齢者向け住宅には都道府県の指導監督が入るが、**規制が有料老人ホームよりもゆるい**ことに加えて、補助金や税の優遇措置がついていることを目当てに、それまで介護とは無関係だった不動産・建築業者をはじめとする〝異業種〟も数多く参入した。そのためサービス面でも、介護施設や医療施設に近いケアをそなえたところから、安否確認と生活相談だけのところまで、格差が非常に大きい。

おまけに、サービス付き高齢者向け住宅に登録すれば、有料老人ホームへの届け出をしなくてもいいことになっているとあって、基準や規制が厳しい有料老人ホームへの届け出を嫌い、規制のゆるいサービス付き高齢者向け住宅として届ける有料老人ホームも急増した。

こうしたサービス付き高齢者向け住宅の混乱状況を重視した国土交通省は、2014年9月から識者による「サービス付き高齢者向け住宅の整備等のあり方に関する検討会」をスタートし、実態調査などを行い、適切な立地条件、質の向上などを検討している。

後述する「特定施設」の指定を取らない「住宅型有料老人ホーム」と、サービス付き高齢者向け住宅には内容的には変わらないものもたくさんあり、これが**わかりにくさの大きな原因**となっている。混迷を続ける国の高齢者住宅政策に関しては、業界関係者からの批判も大きい。

「介護付き」には「特定施設」の指定が必要

有料老人ホームに入れば「介護が必要となったときには介護サービスが自動的に付いてくる」と考えている人が少なくない。しかし、これは大きな勘違い。高齢者住宅が「介護付き」を名乗るには、特養を基準とした人員配置や設備の基準をクリアして**「特定施設入居者生活介護（以下、特定施設と表記）」**の指定を都道府県から受ける必要があるからだ。

特定施設というのは都道府県知事の指定を受けた定員30人以上の施設で、介護保険を使ってケアマネジャーがケアプランを立て、内部のスタッフが生活の世話や介護をする。対象となるのは有料老人ホームのほか、サービス付き高齢者向け住宅、軽費老人ホーム（ケアハウス）、さらに養護老人ホームも指定を取れば、「介護付き」を名乗ることができる。

特定施設の基準には、人員基準、設備基準、運営基準があり、人員基準としては、①生活相談員を１００対１（１００人の入居者に対してひとり）で配置する、②看護職員と介護職員は要介護の利用者に対して３対１以上、要支援の利用者に対して10対１以上配置する、③機能訓練指導員（理学療法士、作業療法士、言語聴覚士、看護師などの有資格者）をひとり以上配置する、などがある。

設備基準としては、①居室・介護専用居室・一時介護室・浴室・便所・食堂・機能訓練室を設置している、②介護専用居室は原則個室（夫婦利用の場合はふたり部屋）、③プライバシー保護が配慮された広さを有する、④地階ではない、⑤出入口が緊急避難時に問題がない、⑥車椅子での移動が容易な空間と構造を確保する、など。

運営基準では、①利用者に応じたケアプランが作成されている、②利用申込者への重要事項などの事前説明と同意がある、③入浴が困難な利用者については週に2回以上入浴または清拭《せいしき》をする、④従業員の研修をする、⑤家族や地域との連携を充分にとる、などを満たす必要がある。

こうした指定基準に加えて、介護保険サービス利用料の増大による財政の圧迫を警戒している自治体が、特定施設への参入を制限する「総量規制」をしていることもあり、特定施設の指定を取っている有料老人ホームは約4割にとどまっている。そして、指定を取らない有料老人ホームは「住宅型」を名乗ることになる。

特定施設である「介護付き」の高齢者住宅では、住居と介護サービスが一体化し、ホームのケアマネジャーがケアプランを立て、日常の世話から介護までをホームのスタッフが行う。ここでは支払い面も包括的で、要支援1から要介護5まで介護度に応じた利用料金があり、**入居者はその1割を払えば24時間体制の介護サービスを受けることができる**。

ただし、通院の付き添い、外出支援、買い物代行、金銭の管理などの**生活支援サービス**や、おむつ代などの**介護用品は別料金**。医療もサービスには含まれず、協力提携医療機関、または入居者が選んだ病院や診療所への通院や訪問診療となる。介護付き有料老人ホームに入れば「介護も医療も安心」と勘違いする人も少なくないが、**「医療は別」**なのだ。

同じ特定施設でも一部には、ホームのスタッフが生活相談と安否確認、ケアプランなどの基本サービスだけを行い、介護サービスはホームが委託した事業者が行うところもあるので、事前に確かめてほしい。いずれにしても、特定施設の指定を受けない高齢者住宅は、広告やパンフレットなどで「介護付き」「ケア付き」をうたってはいけないことを知っておきたい。

いっぽう、特定施設の指定を取っていない「住宅型」の有料老人ホームやサービス付き高齢者向け住宅、ケアハウスなどには、介護サービスはついていない。介護が必要になれば自宅と同じように入居者がケアマネジャーを個別に依頼し、外部の訪問介護・看護事業所などからの居宅サービスを利用するという「外付け」方式で、介護保険サービスの利用料も自宅と同じように利用した分だけ、契約した介護事業者に払うことになっている。

「住宅型」やサービス付き高齢者向け住宅では、介護の費用は介護サービスの種類や回数によって決まるので、利用する介護サービスが少ないうちは費用の負担は少なくても、介護度が重くなると限度額を超えてしまうことがある。「介護度が重くなったら支払いが増えた」という苦情が出てくるのは、このためだ。

「介護付き」は2タイプ

有料老人ホームのほとんどは「介護付き」か「住宅型」だが、「介護付き」が要介護者向け、「住宅型」が自立生活をする人に向いているかというと、実際にはそうとも言えない。「住宅型」でも中〜重度の要介護度（要介護3〜4）の入居者が半数近くを占め、要支援1〜要介護2までの軽介護者を含めると、9割以上の入居者が要介護認定を受けているからだ。入居動機も「介護が必要となったから」が8割以上を占めている。

特定施設である「介護付き有料老人ホーム」にも2タイプがある。対象が要支援・要介護者に限定されている**「介護専用型」**と、自立の人でも入れる**「混合型」**だが、圧倒的に多いのは「自立の方でも、介護が必要な方でも、どちらでも入れます」という自立・介護の混合型だ。

「混合型」では、自立で入った人が「見守り・生活相談」中心のサービスを受けながら一般住宅と同じように暮らし、要介護認定を受けたらホームのスタッフや提携介護事業所による介護保険サービスを受けることができる。終身型有料老人ホーム本来のイメージでもある。

この混合型の主流は〝住み替えなし〟のタイプ。同じ部屋でずっと最期まで暮らせるので、一見よさそうだが、認知症を含む要介護の人も同じフロアで暮らすため、夜中に認知症の人が徘徊したり、奇声を上げたり、「物が盗まれた」と騒ぐなどのトラブルが起こることもある。

数は少ないが、同じホーム内で**「一般居室（自立型）」**と**「介護居室」**の**住み替え**ができるホームもある。〝住み替えタイプ〟で多いのは、元気なうちはキッチンと浴室のついた一般居室で暮らし、介護が必要になったら浴室がなく、お湯が沸かせる程度のミニキッチンがついた狭い介護居室に移るというもの。

住み替えタイプで一般居室と介護居室が別の棟に分かれているホームでは、自立棟は雰囲気も明るく、共有空間も広々としているのに、介護棟は病院や施設のように狭く暗い雰囲気のところも少なくない。また、同じ建物内のフロアによって一般居室と介護居室が分かれているところでは介護フロアは施錠され、両フロアの行き来がほとんどないなど、介護状態になったら居住者が**それまでの生活と切り離されてしまう**ところもある。

いっぽう、要介護になって別棟や別フロアに移っても、比較的自由に一般居室の共有空間と行き来できるホームもある。こうしたところでは一般居室と介護居室の境目が非常にゆるやかでありながら、肝心なところでは線が引かれている。

元気なうちからホームに入り、介護が必要になると本人や家族と相談のうえ、同じ建物内の介護フロアに移るという、終身の自立・介護併設型「住み替え」方式を取っている数少ない例が「ライフ&シニアハウス港北２」だ。

介護フロアは少人数のグループに分かれたユニットケア。介護フロアに移ってからも、それまで利用していた食堂などの共用空間と行き来できるし、外出にも柔軟に対応するという方針を取っている。そうした姿勢に惹かれて入居する人も多く、入居者の平均年齢も75歳と若い。

そんなホームの入口の居間で、佳子さん（92歳）が英語の本を読んでいた。佳子さんの入居は10年前。当初から認知症が始まっていたが、最初の数年間は一般居室に住んでいた。そのうちに夜間、フロアを徘徊するようになったため、家族の承諾を受けて介護フロアに住み替えをしたが、「できるだけ自由に」を望む家族と話し合いを重ね、最近までひとりで外出をしていた。

今では佳子さんは、館内を気ままに移動しながら1日を過ごしている。鼻歌を歌いながら楽しそうに一般フロアの館内を歩く佳子さんの姿に、自立の入居者が「認知症でも、ああなれたらいいわね」ともらす。認知症の佳子さんが館内を自由に歩く背景には、スタッフの見守りの目がある。「食堂にコーヒー飲みに行ったから、お願いね」と、介護フロアのスタッフが連絡をすれば、食堂のスタッフが見守りを引き継ぐ。

高齢者住宅や施設を選ぶとき、誰でも考えるのは認知症になったとしても、そこが**「終の住みか」として居心地よく暮らせる場所かどうか**だろう。自分らしい暮らしのできる「住まい」で、ケアが必要になっても人間としての尊厳を守ってほしいし、認知症の周辺行動があろうと、病気の合併症があろうと退去させられることがなく、最期まで自分らしく過ごさせてほしい……。多くの人が多額の費用をかけながら願うのは、そうしたことではないのだろうか。

佳子さんの暮らす有料老人ホームは、一般居室の入居一時金は2210万〜6020万円、介護居室はひとり入居で1440万〜2450万円。月々の費用はひとり入居で一般居室が15万4350円、介護居室では16万4850円＋介護保険の1割負担と決して安くない。

しかし、利用者それぞれの人生に合わせたケアを最期まで続け、看取りまできちんとするのであれば、これを高いと取るか、安いと取るか……。高齢者住宅や施設はケアの格差が大きいだけに、自分の目でしっかり確かめることが必要だ。

◎ライフ＆シニアハウス港北２
神奈川県横浜市都筑区茅ヶ崎南２−18−７
問い合せ・資料請求　☎　０１２０−５８０−７３１
http://www.seikatsu-kagaku.co.jp/intro_house/kohoku2/kohoku2.html

「住宅型有料老人ホーム」と「サ高住」のちがいは？

いっぽう「住宅型有料老人ホーム」は、生活支援サービスと食事がついたバリアフリーのマンションといったところで、片や利用権契約、片や賃貸契約という権利契約以外、サービス付き高齢者向け住宅と区別のつかないものが多い。

「住宅型」も「サ高住」も、サービスの基本は「見守り・生活支援・食事サービス」の３点セットだ。サービス付き高齢者向け住宅でも、安否確認と生活相談サービスを提供し、日中は介護専門職が建物内に常駐することが義務付けられている。

生活支援サービスでもっとも多いのが「通院への付き添い」。その他「買い物の代行」「洗濯サービス」「掃除の代行」「ゴミ出し」「金銭の管理」なども多いが、サービスはあっても別料金だ。

食事については自炊、サービス契約どちらもOKで、夕食だけ契約して朝とお昼は自炊をする人もいる。食費は朝が300円前後、昼・夜は600円前後が多く、食事の内容は運営事業者によって格差が大きい。厨房でスタッフが実際に調理するところ、厨房があっても加熱調理した食品を急速冷却したクックチルと呼ばれる食材を利用するところ、配食サービスを利用するところなどさまざまだ。

「一流料理人の調理」を売りものにする有料老人ホームもあるいっぽう、実際に食事をしてみると**「この食事を1年365日1日3回食べるのか……」**とうんざりするところも少なくない。食事は毎日のものなので、「給食」という旧来の発想から脱却しなければ、団塊世代の希望に応えられないだろう、という高齢者住宅関係者からの声もある。

居室の大きさは、住宅型有料老人ホームでは18㎡程度が多いが、高額なホームでは60㎡以上、中には100㎡以上の豪華タイプもあり、格差が非常に大きい。前出のようにサービス付き高齢者向け住宅では原則25㎡だが、共同で利用できる空間が十分ある場合は18㎡以上とされていて、実際には18㎡の部屋が7割以上。夫婦用などとされている40㎡以上の居室を備えたサービス付き高齢者向け住宅は、全体の4％程度だ。

入居一時金も以前に比べて少なくなり「入りやすく出やすい」高齢者住宅が増えたことで、

とくにサービス付き高齢者向け住宅では、「特養への入居待ち」や「とりあえずの住み替え」など、一時的な住まいとして利用する人も少なくない。月の半分を「別荘がわり」に利用している息子夫婦と同居の男性は、「お互いにストレス軽減になっていい」と話していた。

医療ニーズや介護度の高い入居者を対象にした、医療法人が経営する住宅型有料老人ホームやサービス付き高齢者向け住宅も増えてきた。しかし、中には**「病院の外出しベッド」**のようなところもあり、そうした高齢者住宅では部屋はおしなべて狭く、多床室化しているところもある。

100ページで指摘したように、サービス付き高齢者向け住宅は基準がゆるいため、介護とはそれまで関係のなかった不動産・建設業関連をはじめとする〝異業種〟が大挙して参画した。コンサル業や銀行が主催する「サ高住説明会」や、高い参加料を取る「高齢者住宅」に関する医療法人向けセミナーも盛んにおこなわれているが、そうしたセミナーではビジネスチャンスとしていかに収益を得るかが焦点となっていて、ケアについては二の次となっている。

異業種の中には、自分たちの専門ノウハウを生かして高齢者住宅に新しいケアの風を吹き込もうとする人たちもいる。しかし介護のノウハウのない不動産・建築業者が**「儲かりそうだから、高齢者住宅でもやるか」**程度の意識で始めたものも、少なからず混じっている。

地方都市のホテルで不動産業者らしいグループが「これからはラブホテルよりも高齢者住宅だ」と怪気炎を上げていた、という話を聞いたこともある。高齢者住宅ではハード面の整備も大切だが、それ以上に重要なのが介護と生活支援。介護マインドをしっかりもった高齢者住宅選びには、利用する側自身の「選択力」が必要となってくる。

「住宅型」と「サ高住」では「囲い込み」に注意

住宅型有料老人ホーム、サービス付き高齢者向け住宅、ケアハウスなどでは、**介護が必要となったとき**には自宅の場合と同じように、入居者自身や家族が外部のケアマネジャーや介護事業所と契約し、介護保険サービスを利用する。

住宅型有料老人ホームやサービス付き高齢者向け住宅では、**「医療と介護」をどう連携させるか**が大きな課題だ。とくにサービス付き高齢者向け住宅では、複合型にすると1000万円までの助成金が出たり税が優遇されるなど、国が積極的に拡充をはかっているため、ひとつ屋根の下で、ケアプラン作成から訪問介護・看護、デイサービス、訪問診療まで提供できる複合型が増えた。事業所が同じ法人の傘下にあることも多い。

高齢者住宅に住む人にとっては、介護の事業所や診療所が併設・隣接しているのは心強い。地元での住み替えなら、それまでの介護スタッフに引き続き頼むこともできるが、新しい場所ではどこに頼んでいいのかわからないからだ。

しかし、それには**その介護事業所や診療所が「いいところであれば」という条件**が付く。ケアのマインドをもった運営事業者が、入居者のフリーアクセスの権利を理解して良質な事業所を集めていればいいが、そうでないこともある。

問題は「囲い込み」。高齢者住宅財団の調査を見ると、複合型の住宅型有料老人ホームとサービス付き高齢者向け住宅では、居住者の８～９割以上が併設・隣接の介護・看護関係サービスを利用している。調査では見えてこないが、複合型の高齢者住宅では併設されている同じ法人や系列の事業所や診療所に入居者を誘導したり、利用契約を入居の条件にしたりするところもある。

「同居していた母の介護が大変になってきたので、近所にできたサービス付き高齢者向け住宅に入ってもらおうとしたら、母にはケアマネジャーもヘルパーもすでにいるのに、併設の事業所のケアマネジャーとヘルパーを使ってほしい、と言われた」

「新しく入ったサービス付き高齢者向け住宅にはデイサービスが併設されていたので、便利だと思って勧められるままに契約した。内容が自分に合わないので別のところを紹介してもらおうと思ったが、生活相談スタッフが相談に乗ってくれない」

入居者や家族から、こうした声を聞くことは珍しくない。さらに、利用者には必要のないケアプランを同列・系列の事業所のケアマネジャーに組ませたり、ホームヘルプやデイサービスの時間を操作して料金を水増ししたりする悪質な運営事業者もいる。

また、複合型の住宅型有料老人ホームやサービス付き高齢者向け住宅の一部には、特定施設の指定を取っていないのに、「生活サポート費」のような名目で要介護度による別料金を取り、介護保険サービス以外の24時間体制のケアも引き受け、併設の事業所からの介護保険の1割負担と一緒に請求してくるところもある。

ここで強調しておきたいのは、高齢者住宅への訪問医療と、特定施設以外の高齢者住宅での外付け介護サービスは、**基本は自分で選べる「フリーアクセス」**だということだ。しかし、入居者が情報にうといのをいいことに、「囲い込み」に誘導する事業者は少なくない。

事業者側にちゃんとした理念があり、併設であれ外からであれ、介護スタッフと医療スタッフがチームを組んで利用者をケアする体制が組めれば、高齢者住宅でも「最期まで在宅」は可能となる。実際、入居者の看取りまでをしっかりやっている良心的なサービス付き高齢者住宅もある。厚労省がサービス付き高齢者向け住宅に期待しているのは、こうした姿勢のはずだ。

しかし、介護マインドのない〝異業種〟の参画や、医療マインドで高齢者住宅や施設の運営をする医療法人など、利潤追求のみに走る運営事業者が少なくないのも、高齢者住宅の一面だという現実も知って、「住みかえの場」を選択していきたい。

高齢者住宅の医療

医療費を増大させる高齢者の長期入院を減らすために、国が進める**「病院から在宅へ」**の流

れの中で、これまで「介護」だけをすればよかった高齢者住宅や施設は、新しい課題を抱えることになった。従来、病院で対応してきた医療依存度の高い高齢者への対応や、看取りを含めたターミナルケアなどの機能も求められるようになってきたからだ。

しかし、多くの高齢者住宅や施設では、医療ケアは協力・提携医療機関にまかせるか、医療ニーズの高い高齢者は入居の対象外としてきた。特養をモデルとした介護付き有料老人ホームは「介護」中心で、医療ニーズの高い高齢者は想定していない。住宅型有料老人ホームやサービス付き高齢者向け住宅では、医療ニーズの高い入居者への対応に対する意識はさらに低いと言われている。

とはいえ、入居時には元気な高齢者でも、年を重ねるとさまざまな医療の問題を抱えるようになる。骨折や脳梗塞で入院すると、高齢者は医療ケアがまだ必要な状態で退院させられ高齢者住宅に戻ることになるが、有名な病院をパンフレットで協力・提携医療機関として大きくアピールしている有料老人ホームでも、実際には協力や提携が名ばかりのところが少なくない。

看護師の24時間常駐を売り物にするホームもあるが、看護師の質もピンキリとあって必ずしも安心というわけではない。それよりも**24時間体制で対応する在宅療養支援診療所や訪問看護ステーション**と、どんな連携を取っているかのほうが重要だ。

力量のある訪問診療医と訪問看護師が、訪問薬剤師、訪問歯科医、ケアマネジャー、ヘルパーなどとチームを組んでケアに当たれば、人工透析でもがんの緩和治療でも、たいていのことは高齢者住宅を含めた「在宅」でできる。

国の推進を追い風に、在宅医療を導入する高齢者住宅や施設は増えた。しかし、訪問診療専門医療機関の中には「高齢者住宅や施設は効率のいい儲け口」といった意識を持つところもあったため、2014年の診療報酬改定ではそうした医療機関の安易な儲けを排除するために、高齢者住宅や施設の診療報酬が4分の1に削減されるという荒療治が行われた。それではやっていけないと、施設から撤退した訪問診療専門医療機関も少なくない。

もうひとつの問題は、いい訪問診療医や訪問看護師が近隣にいたとしても、高齢者住宅や施設では「痰吸引」など日常に必要とされる、いわゆる**医療行為をしたがらない**ことだ。家族は痰の吸引をすることができるし、自宅では家族の依頼でこっそりヘルパーが痰吸引をすることも実際にはあるが、高齢者住宅や施設では講習を受けた介護スタッフと看護師以外、痰吸引ができないことになっている。

多くの高齢者住宅では看護師がいても夜間は常駐していないし、痰吸引の講習を受けた介護スタッフがいるところも少ない。そのため、痰吸引が必要となると看護師に電話して来てもらうか、救急車を呼ぶしかない、ということになる。

医療法人の高齢者住宅の医療の質は？

今後は「病院から在宅」への流れの中で、これまで以上に医療ニーズが高いまま退院してくる高齢者が増えてくる。国は医療法人の高齢者住宅への参画を２００７年から解禁したが、２０１１年の「高齢者住まい法」の改正でサービス付き高齢者向け住宅の登録制度が創設されてから、医療法人などが運営する医療依存度の高い人向けの高齢者住宅が、次々と登場することになった。

しかし、医療法人の運営する高齢者住宅には、「住まい」というよりも**病室的な感覚が目につく**。なかには病院の「外出しベッド」のような高齢者住宅や、極端なケースでは医療が必要な寝たきりの入居者を一部屋に数人集め、「介護療養病棟」の小型版を運営しているところもある。いっぽう、「住まい」の快適さをアピールする医療タイプの高齢者住宅も出てきたが、高いところでは部屋代だけで40万円以上かかったりするなど、高額なケースが目立つ。

医療ニーズの高い人が安心して暮らせる場所は必要だが、病院の延長のような生活が続くとしたら、それは「住まい」とは言えない。病院医療しか知らない医療法人の運営する高齢者住宅には「介護マインドがない」とはよく言われることだが、高齢者が日常生活を営んでいくためのさまざまな「ケア」について関心のない医療法人も少なくない。

いっぽう、**地域で訪問診療を熱心にやってきた医療法人が運営する高齢者住宅**では、生活の中で「医療と介護の結合」を実現するという理念をもち、「住まい」感覚を重視したモデルづくりを試みている。やはり、長年「在宅」でのケアを実践してきた強みだと思う。

そのひとつに、平塚市で住民基金拠出型の医療法人を立ち上げて開設した「湘南真田メディケアセンター」がある。ここは医療・介護・有料老人ホームの複合型施設で、①外来診療と地域への訪問診療を行う診療所、②訪問看護ステーション、③ヘルパーを派遣する訪問介護事業所、④24時間対応で訪問看護師とヘルパーを派遣する定期巡回・随時対応型の看護介護事業所、⑤ケアマネジャー事務所である居宅介護支援事務所、⑥個別介護と生活リハビリに特化したデイサービスを地域に開き、32戸の小規模有料老人ホームを階上に併設している。

ホームで暮らすのは、緩和ケア対象者を含めて近隣の急性期・慢性期の病院から紹介されてきた人と、医療ニーズが高く在宅生活ができなくなった人や、高齢者住宅・施設への入所がむずかしい地域の人たちだ。ホームは住宅型なので、医療と介護については併設の診療所や訪問看護・介護事業所も利用できるようになっているが、「他の医療機関・介護事業所の利用も自由です」と、「囲い込み」をあえて否定している。

「寝たきりでいらした方も、ここに入ると、たいてい起き上がって歩き出すんです」と語るのは、理事長で医師の山本五十年さん。職員に噛みつくということで、介護付き有料老人ホームを追い出された認知症の敏夫さん（86歳）は、6年間、家族との意思疎通もなかった。しかし、ここに来てからはだんだん穏やかになり、話ができるようになった。以前のホームでは看護や介護が強制的だったので、それが嫌で抵抗していたと本人自身が語ったという。

山本さんはこの地域で20年間、東海大学病院に勤務しながら、救急隊員から介護従事者までを対象に救命講座を続けてきた、救急医療と地域医療の専門家。「特別のことをしたわけではありません。ただ、職員が患者さんに寄り添っただけです」と、言葉は少ないが、ホームはあくまでも「最期まで地域で」を支える地域包括ケアの一環だ。併設の診療所で小児も含めて外来と訪問診療を行うセンターの目は、地域に向かって大きく開いている。

東京都では平成23年度から医療・介護連携型のサービス付き高齢者向け住宅のモデル事業の公募を26年度末まで行い、15施設を選定している。介護に強い社会福祉法人と医療に強い医療法人などを組ませた高齢者住宅のモデルづくりだ。各高齢者住宅の戸数は13戸から90戸までと幅広いが、何らかの形で介護・看護と診療所を併設・隣接させている。

高齢者住宅や施設を見学するときには、地域で在宅医療を長年続けてきた医療法人や、**自治体や市区町村のモデル事業の選定住宅**を加えてみると、視野が広がるかもしれない。

◎湘南真田メディケアセンター　http://smcg.jp/
神奈川県平塚市真田２－６－27　☎０４６３－５０－３３２２
◎東京都医療・介護連携型サービス付き高齢者向け住宅モデル事業選定案件一覧
http://www.metro.tokyo.jp/INET/OSHIRASE/2014/03/DATA/20o3r703.pdf

老人ホームの課題、「認知症ケア」

高齢者住宅や施設を「終の住みか」にするには、認知症になっても安心して暮らせ、そこで「看取り」ができるところを探すことが条件だ。そうしたニーズを受けて、とくに介護付き有料老人ホームでは、「認知症ケア」と「看取り」が最重要課題としてあげられている。看取りについては「看取り加算」がついてから対応するところが増えた。しかし、しっかりした方針を持って両方をやっているところは、まだまだ多くないように見える。

認知症は「ケアが8割、医療が2割」といわれるように、進行や症状を大きく左右するのがケアの質。認知症の人の症状は百人百色で、認知症に対する対応もその人に合わせて100人いれば100通りある。そのため、ケアする側がどれだけ引き出しをもち、どれだけ入居者一人ひとりに合わせて対応しているのかが、高齢者住宅や施設のケアの力量となる。

認知症ケアの技法では、アメリカ生まれの「バリデーション」、スウェーデン生まれの「タクティール」、イギリス生まれの「パーソンセンタード・ケア」、最近ではフランス生まれの「ユマニチュード」などのケア・コミュニケーション法があるが、言っていることはどれも共通している。それは**「利用者の立場に立って支援する」**ということだ。

しかし、もともと答えのない認知症ケアでは、ひとつの技法が誰にでも応用できるわけではなく、スタッフがいろんなケースに出会いながらチームワークで応用力を広げ、認知症の人とそれぞれ向き合っていくものだ。マニュアルに沿ってやればいい、ということではない。

だから、ひとつの技法だけを取り出して「ウチは▲▲をやっています」を売り物にするようなところはちょっと考えもの。それよりも事例研究会や講座などの内部研修を通じて、介護職員のケア技術のステップアップをどれだけ積極的に行っているのか、ということのほうが評価の目安になる。

こうしたスタッフの〝ケアのちから〟は、外から見ただけではなかなかわからない。認知症の人は自宅でのケアが難しくなると有料老人ホームや認知症グループホーム、特養などに移るが、認知症ケアの理念をもっている高齢者住宅や施設を見つけるのは、シロウトには至難の業。

しかし、**「介護スタッフの対応を見れば、そこのケアがある程度わかる」**という、高齢者住宅紹介センター「みんかい」小嶋勝利さんの助言はヒントになる。

高齢者住宅のよしあしは、ホーム長、施設長など管理者によって決まることが多いので、責任者に面談し、理念を聞くことも大切だが、それと同時に見学に訪れたときの、現場の介護スタッフの「挨拶の仕方」にも目を留めたい。「すれちがっても挨拶がない」「挨拶はあるがおざなり」「明るく元気だが個性がなくてマニュアル的」などは、ケアの仕方にもつながってくるからだ。

そして、いいケアをしている高齢者住宅や施設には居住者の笑顔や笑い声があるし、スタッフの寄り添いや丁寧な目くばりがある。居住者が「お客さま」扱いされている有料老人ホームでは、入居者が食事のしたくや掃除、洗濯などを介護スタッフと共同で行っている光景はまず見られないが、もしも、そうしたことを通じて「利用者の能力を引き出す」ことに目を向けているホームがあるのなら、それもまたケアのよさにつながってくるかもしれない。

「有料老人ホーム選びのポイントは、**認知症ケアと看取りがきちんとできるかどうか**」だと、高齢者住宅のコンサルティングや情報提供を行うタムラプランニング&オペレーティングの田村明孝さんも指摘する。

とはいえ、ホームの資料を読んでもそんなことはわからない。それを確かめるには、高齢者住宅や施設に足を運んで管理者に話を聞き、入居者の何パーセントが認知症なのか、どんなプログラムがあるのか、看取りは年に何件あるのかなどを確かめるといいと教えてくれた。

高齢者住宅での「いい看取り」

「介護付き」の特定施設は24時間体制の介護保険サービスが基本にあるため、居住者にはそこを「終の住みか」にしたいという期待が大きい。それに応えてホームでも「看取り」を課題としているが、介護が外付けの「住宅型」やサービス付き高齢者向け住宅でも、事業者に「終の住みか」に対する居住者の願いを支援する体制があれば、安らかに自室から旅立つことは可能だ。

高齢者住宅財団の調査では、「介護付き」ではない住宅型老人ホームやサービス付き高齢者向け住宅でも、４割がすでに看取りを行い、２割が対応可能と答えていた。しかし、「結果としての看取り」ではなく、本人と家族にとっての**「いい看取り」**にするためには、訪問診療と介護の連携の支援も含め、居住者の意向に沿った看取りをどれだけ実現しようとしているかという、事業者側の意識が問われることになる。

というのは、人生の最終段階である看取りには、そこに至るまでの介護や医療を含めた、ときには長いケアの期間がある。その期間を高齢者住宅や施設で自分らしく快適に暮らし、安らかな「看取り」を得るには、高齢者住宅や施設の支援が欠かせない。そして居住者自身もどんなふうに自分の人生を決めたいのかを、家族や高齢者住宅・施設側と事前に話し合っておくことが大切だ。

終身タイプの有料老人ホームでは、**終末期医療の事前指示を含めた「要望書」**を入居契約時に入居者と交わしたり、入居後、ホームの生活に慣れたころ、お葬式など死後のリクエストを入居者に書面にしてもらったり、「事前指示書」で介護が必要になったときや、症状が急変したときの救急搬送や延命措置の希望などを確認するところがある。

そういうシステムのない場合は、自分自身で医療の「事前指示書」を書いたり、家族に自分の希望を伝えるなど、最期の準備をしておかないと、自分の意思は伝わらない。

自宅でも高齢者住宅や施設でも、そこを「終の住みか」として看取りまで暮らすために欠かせないのが、24時間対応の医療（訪問診療・訪問看護・訪問リハビリ・訪問歯科・訪問薬剤師など）と介護の連携だ。

しかし、一口に「訪問診療医」と言っても、「看取り」まできちんとやる医師もいれば、容体が悪化するとすぐ「救急車を呼んで」と病院に送ってしまう医師もいて、訪問診療はまさに玉石混交の世界。だから、入居者や家族が「医師は自分で選ぶ」くらいの気構えも必要となってくる。

「看取り」に取り組む新世代

自分の人生のフィナーレをどこでどうやって、誰と迎えるのか。それを入居前の面談で本人と家族に書いてもらい、「介護予防から看取りまで」の支援を行っているサービス付き高齢者向け住宅がある。運営しているのは、もともとはスチールパネルという工法で高齢者住宅の建設を請け負ってきた会社。初めて運営を手がけたサービス付き高齢者向け住宅で、「私はここで死ぬ」と女性居住者に言い張られたことをきっかけに、若い社長が「看取り」に真剣に取り組んだ結果だ。

千葉県鎌ケ谷市で2011年にオープンしたサービス付き高齢者向け住宅「銀木犀《ぎんもくせい》」に、最初の居住者として入ってきた明子さん（76歳）は、末期の乳がんで余命3か月を告知されていた。「病院は人の死ぬところではないから、ここに来た」というが、鉄鋼会社の2代目で「鉄屋」をずっとやってきた社長の下河原忠道さんは介護も医療もシロウト同然。「ここで死ぬと言われても……」と頭を抱えた。すると明子さんはこう言った。「**大丈夫。私が死に方を教えてあげるから**」。実は明子さんは地域の病院で看護師長までつとめた看護師だった。

「在宅で往診してくれる医師を探しなさい」「訪問看護師を探しなさい」「介護スタッフに覚悟を決めさせなさい」。明子さんの指示に従い、文字通りスタッフが一丸となって明子さんの人生の終わりの3か月を支えた。最後まで生活を楽しむことをあきらめなかった明子さんだが、やがて片目が見えなくなり、言葉も出なくなった。

医師と看護師を手配したものの、明子さんはすべての医療を拒み、鎮痛剤すら打たなかった。深夜に下河原さんが彼女の部屋を訪ね、痛みについて聞くと、手を握り返して「大丈夫」と答えたという。静かに死に立ち向かう明子さんに人生の最期の生きざまを見せてもらい、「人が自然に亡くなっていくことの大切さを知った」と、下河原さんは振り返る。

3か月で明子さんが亡くなったあと、下河原さんは海外の高齢者住宅を見て回った。フランス、デンマーク、ノルウェー、ハワイの高齢者住宅……。イギリスではホスピスの草分けである聖クリストファー・ホスピタルを訪ね、死に向かう人の心のケアに感銘を受けた。そして、自分たちのつくる高齢者住宅は、「病院で死にたくない」人が安心して自室で亡くなることができる「終の住みか」にしようと決めた。

現在、サービス付き高齢者向け住宅「銀木犀」を5か所、グループホームも2か所立ち上げた。

2軒目の市川市のサービス付き高齢者向け住宅では、がんやALSをはじめどんな病気をもった人でも受け入れようと介護事業所に加えて訪問看護ステーションを併設。24時間対応の訪問診療との連携体制もつくった。介護スタッフには痰吸引の研修を受けさせ、入居者を最後まで支えることができるようにした。看取りに関するスタッフの勉強会も定期的に行い、これまで看取った入居者は20人を超える。

入居者が亡くなると、必ずお別れ会と「偲《しの》びのカンファ」というスタッフ・ミーティングを行う。お別れ会には入居者も職員も参加し、オペラ歌手の娘さんが歌をうたったこともあった。家族と話し合い、お別れ会は「なんでもあり」とする。

「銀木犀」では「看取り」ばかりではなく、介護予防にも力を入れている。高齢者の死亡の最大原因となる誤嚥《ごえん》性肺炎を防ぎ、最後まで食べられる口をつくろうと、常勤で歯科衛生士を採用し、口の健康と嚥下《えんげ》訓練を日常的に行うと同時に、内視鏡による嚥下機能検査も行うという、予防医学と看取りを暮らしの中に取り込んだ、稀有《けう》な高齢者住宅をつくりあげた。

介護の世界には、今、第三世代の新しい風が吹き始めている。71ページで紹介した小規模多機能型居宅介護「おたがいさん」を運営する神奈川県藤沢市の「あおいけあ」のように、従来のような「囲い込む介護」に異を唱え、**「なんでもあり」の発想で高齢者ケアを地域づくりにつなげていこう**という、若い世代の社会貢献型ムーブメントが、東日本大震災をきっかけに広がってきた。

そのムーブメントに連なる下河原さんも、「あおいけあ」から学び、近所の公園の清掃ボランティアをはじめ、居住者を地域に引っ張り出す機会をたくさんつくっている。認知症予防として学習療法も行ってきたが、音楽療法として注目されている「ドラムサークル」もいち早く取り入れた。みんなで輪になり民族楽器のドラムをセッションする、という楽しいアクティビティだ。

それを聞きつけた市役所から、鎌ケ谷市のお祭りへの参加を依頼された。杖をついたり車椅子に乗って登場する高齢者の元気な演奏は評判を呼び、いまや地域のイベントから引っ張りだこ。居住者の生きがいづくりにもつながっている。

「銀木犀」では、ハードのもつ力も最大限に利用する。手づくりの門扉を入ると花々の咲くアプローチガーデン。インテリアもモダンで居心地がいい。高齢者住宅では居住者が抱きがちな「施設に入れられた」という感覚を払拭《ふっしょく》したかったからだという。

居室は一人用が18・47㎡～20・73㎡で、16万４２５０円～17万３２５０円（家賃＋共益費＋生活支援サービス費＋食費）。入居時にかかる費用はない。介護保険サービスを利用する場合は、そこに自己負担分が加わる。

サービス付き高齢者向け住宅でも、こうした志の高いところが増えてくれば、最後まで安心して暮らすことができる。介護・看護・医療・介護予防が無理なく融合し、費用も比較的リーズナブル。これからの時代に求められる高齢者住宅と言えるだろう。

ちなみに千葉県では社会貢献型の高齢者住宅の先駆けとして、生活クラブ生協がUR団地の建て替え事業とのコラボなどで、サービス付き高齢者向け住宅「生活クラブ風の村」を4か所で展開している。診療所、デイサービス、訪問介護事業所、訪問看護ステーションに、児童デイサービス、カフェなどを併設・隣接したコミュニティケアの場だ。

◎「銀木犀」（鎌ヶ谷、市川、薬園台）http://ginmokusei.net/
（株）シルバーウッド：千葉県浦安市鉄鋼通り1－2－11 ☎047-304-4003
◎「生活クラブ風の村」（流山、高根台、稲毛）http://kazenomura.jp/
千葉県佐倉市王子台1－28－8 ちばぎん臼井ビル4F ☎043-309-5811

高齢者住宅のバリエーション

収入に応じた家賃で住めるケアハウス

資金がなくて、有料老人ホームやサービス付き高齢者向け住宅には入れない。しかし、健康面の不安が出てきて自宅暮らしがむずかしくなってきた……。そんなときの選択肢になりうるのが**収入によって補助のあるケアハウス**だ。

これは老人福祉法で定められた「軽費老人ホーム」のひとつだが、収入に応じた補助がありながら、施設ではなく「居宅」とされている。「A型（食事つき）」「B型（食事なし）」「C型（ケアハウス）」の3タイプに分けられていて、いずれも、ひとり暮らしや夫婦だけの暮らしに不安のある60歳以上の人が対象だ。

軽費老人ホームは全国に約9万2000室があり、その85%がケアハウス。ケアハウスといっても原則的には「ケア」がついているわけではない。食事、入浴サービス、生活相談やレクリエーション、緊急対応などのサービスを受けながら、できるだけ自立して暮らし、介護が必要になれば自宅と同じように外からヘルパーの訪問を受けたり、デイサービスに通ったりできるが、要介護度が高くなった場合は退去を求められることもある。

ケアハウスは**民間参入のできる福祉住宅**なので、建物、内装、広さも金額も、実にさまざま。一見、有料老人ホームと変わらないものもあり、広い2LDKの居室もある。数は少ないが「特定施設」の指定を取った「介護付きケアハウス」（要介護1以上）もあり、こちらのほうは「終の住みか」にすることも可能だ。

ケアハウスでは訪問診療を入れることができるが、医療に関しては入居規制のあるところが多く、痰の吸引、胃ろうなどの経管栄養、尿管カテーテル、酸素吸入のような医療措置が必要な人は断られる場合もある。入居後の入院で医療措置が必要になった場合も、退去を求められることがあるので、入居時には退去条件を詳しくチェックしておきたい。

ケアハウスの居室は**単身用21・6㎡以上、夫婦用が31・9㎡以上**とされ、室内にはトイレ、洗面所、ミニキッチンが付き、浴室がついていることもある。24時間スタッフが常駐することになっているのは安心だが、夜間は警備会社の対応などの場合もあり、実態はさまざまだ。

一般のケアハウスでは、費用は「管理費（家賃）」＋「事務費（職員の人件費などで収入に応じて補助がある）」＋「生活費（食費、入浴費、共用部分の水道光熱費など）」＋「実費」で、7万〜20万円程度。一時入居金として50万〜４００万円程度が必要とされることもある。

介護型（特定施設）ではこれに加え、介護度ごとに決められた介護費の１割負担と介護上乗せ費用などがかかり、家賃に相当する管理費の支払い方法は、入居時一括払い、毎月の分割払い、併用型など、ハウスによって異なっている。

事業者が特別養護老人ホームや有料老人ホームを経営している場合には、「住み替え」ができることもあるが、ケアハウスは**数が少ないため、早目の情報収集が決め手**。地方財政の悪化でケアハウスの新築は頭打ちだが、今後の建設は介護型になると言われている。申し込み先は都道府県、市区町村の高齢福祉担当窓口や紹介団体など。１３６ページに詳細をまとめている。

高齢者用公営住宅「シルバーハウジング」

収入の少ない人には「シルバーハウジング」の選択もある。これは、１９８７（昭和62）年にスタートした低所得者向け公共賃貸住宅のひとつで、地方公共団体と住宅供給公社、ＵＲ都市機構がバリアフリー仕様の公営住宅を供給し、市区町村の委託を受けた生活援助員（ライフサポートアドバイザー）が生活指導・相談・安否確認・一時的な家事援助・緊急時対応などの日常生活支援サービスを提供する。東京都では「シルバーピア」と呼ばれている。

入居条件は同一区内に３年以上住んでいる60歳以上の個人、またはどちらかが60歳以上の夫婦と、個人か配偶者のいる障害者で、地方自治体が提供する場合は公営住宅に準じて収入の上限がある。家賃は収入に応じ、「家賃」＋「管理費」と「付帯サービス費」で１万〜13万円程度と非常に幅が広い。

ＵＲ都市機構も同様の施設を「シルバー住宅」として提供しているが、こちらは逆に収入の下限が決まっていて、単身者が３００万円以上、夫婦の場合は３９６万円以上で家賃の４倍以上の収入があることが条件となる。シルバー住宅の家賃は市場家賃とそう変わらない。

地方自治体が運営する「シルバーハウジング」は、居室の広さは18㎡以上が最低基準だが、25㎡の１ＤＫ（単身用）や40㎡以上の２ＤＫ（家族用）もあり、中高層の公営住宅の低層階部分に設けられたり、デイサービスセンターなどの福祉施設に併設されているケースが多い。所得の少ない人にはうれしい住宅だが、全国に2万3000戸と非常に数が少なく競争率が高い。

シルバーハウジングでは介護が必要になると「自宅」と同じように外部からのサービスを利用し、医療についても訪問診療を利用できる。とはいえ、介護や医療への依存度が高くなると退去を迫られる場合もあるので、事前にチェックしたい。

「シルバーハウジング」の入居申し込みは、都道府県や市区町村の高齢者住宅課などの担当窓口か住宅供給公社、「シルバー住宅」はUR都市機構へ。「シルバーハウジング」は供給数が不足しているため、入居は抽選となることがほとんどで、1回の申し込みではなかなか当たらない。抽選にもれてもあきらめず、継続して申し込み続ける努力が必要だ。

「シニア向け分譲マンション」とは

「200のアクティビティ」「1000㎡のクラブハウス」「7000㎡を超える専用グラウンド」「一流料亭監修の食事」……などを売りものにした、元気高齢者向けの「シニア分譲マンション」が少し前にマスコミに取り上げられ話題になった。

シニア向け分譲マンションは資産として相続や転売ができるということで、1960年代にブームになった。しかし、実際には転売しにくいなどの理由で投資家が買わなくなり、その後は下火になったが、最近、また少しずつ増え始めてきている。基本的なサービスは、見守り、食事・掃除・洗濯の世話、緊急時の対応などだが、オプションサービスとして、温泉大浴場、スポーツジムやレストラン、趣味のサークルなどのレクリエーションプログラム、外部への送迎や外部からのゲスト宿泊などのメニューが用意されているところが多い。

住宅型の有料老人ホームとシニア向け分譲マンションとの違いは、**権利形態が所有権**だということだ。資産にはなるが、入居者が亡くなっても売れないと維持し続けなければならず、相続する側にとってお荷物になることもある。

そして、問題なのは**売りたいときに売れる保証がない**こと。ブーム時に東京近郊の温泉地に建てられ、数億で売られたシニア向け分譲マンションが、今では数百万円で売られている例もあるかと思えば、住宅型有料老人ホームをシニア向けの分譲マンションに転用し、5000万～2億円で販売している東京都内一等地の例もあり、広さも価格も管理費なども実にまちまち。

「シニア向け」を謳うが、高齢者住宅としての届け出はしていない。

シニア向け分譲マンションでは、初期費用として購入費を支払った上で、入居後に月額費用として生活費（居住費・食費・その他日常生活費）を負担する。生活費に含まれる居住費（管理費・修繕積立金など）は地域や設備、居室の大きさなどによって決まる。

また施設ごとに、「その他日常生活費」として、居室の水道光熱費、送迎費や健康管理費、清掃費やゲスト宿泊費などの項目・料金が設定され、入居者は実費を負担する。都内の例では「居住費（7万円）」「食費（5万円）」「その他費用（7万円）」で、月々の費用は約19万円だった。

生活相談と緊急通報は「居住費」に含まれることが多いが、その他はすべて別料金になるため、「豊かなセカンドライフ」を満喫するにはそれなりのお金がかかる。

介護が必要になった場合には、外部からの訪問サービスや通所サービスなどを利用して、要介護度に応じた介護サービス費の自己負担分を支払う。そうした月々のランニングコストに加えて、管理費の値上げルールや修繕積立金、固定資産税のほか、転売の可能性も事前に確認するといい。

見学する際のポイント

高齢者住宅選びの第一歩は「自分の条件」

高齢者住宅に住み替えするときには、「何を求めているのか」をはっきりさせることが大切だ。その第一歩は**「自分（親）の希望する条件を書き出してみる」**ことから始まる。

①入居時期はいつごろか（できるだけ早くか、数年先か）
②誰と暮らすのか（夫婦か、ひとりか、親などと一緒か）
③居室の広さは（▲㎡以上）
④地域は（自宅の近くか、子どもの近くか、都市部か、郊外か、田舎か、リゾート地か）

⑤どんな暮らしを望むか（医療と介護が安心、レクリエーションや趣味の会が豊富、新しい人間関係をつくりたい、地域とつながっていてほしい）
⑥予算はどのくらいか（入居一時金、月額）
⑦現在の健康状態（健康、医療ニーズがある、介護が必要、認知症がある）
⑧家族の考え（賛成、反対、黙認）
⑨入居時期（短期、最期まで）
⑩自宅はどうするか（売却、賃貸、そのまま、未定）

まだ元気なので、あちこち出かけたいという人は、交通の便のいいところ。ホーム内で新しい人間関係を築きたいなら元気な人の多いところ。終の住みかとして選びたい場合は、認知症になっても追い出されないようなところ……。そんなイメージを描きながら、まずは近隣の高齢者住宅をいくつか見学し、部屋の広さや雰囲気を実際に感じてみることから始めるといいだろう。

高齢者住宅への住み替えを考えるときには、現在住んでいるエリアやその沿線で探す人が多い。土地鑑があることに加えて、家族を含めて友人、知人などの地縁がつながっていると、それまでの生活が継続しやすいからだ。サービス付き高齢者向け住宅や、このところ増えている小規模有料老人ホームでは、見学者のほとんどが地元の住人だという。

高齢者や認知症の人が、高齢者住宅や施設への住み替えをするなど新しい場所に移り、急激な環境の変化が起こると心理的な不安や混乱が高まり、うつ状態や認知症の症状が出たり、認知症の進行が進む「リロケーション・ダメージ」という現象が起こることも多い。費用が安いからと、見知らぬ場所を住み替えの場に選ぶことのリスクも頭に入れておきたい。

最近の高齢者住宅では入居金は限りなく少なくなり、費用もさまざま。この傾向はこれからも進んでいくだろうと言われている。サービス付き高齢者向け住宅の特色は「入りやすく出やすい」だが、有料老人ホームでもそうした傾向が強くなってきた。そういう意味では高齢者住宅の選択肢は広がっている。だからこそ、親や自分の「終の住みか」を考える人は、「親はどんな生き方を望むのか」、**「自分がこれからどんな生き方をしていきたいのか」**をしっかり考えていく必要がある。

高齢者住宅に入って上げ膳据え膳の「楽ちん生活」をしていたら、認知症になってしまった、という笑えない話も少なくないので、それまでの生活スタイルを継続していくことも大切だ。

住み替えを考えるときには、費用と場所からスタートすることが多いが、自分が「どんな暮らし方をしたいのか」「どんなサービスを受けたいのか」を考え、いらないサービスをはずしていけば、手ごろなものが見つかることもある、というのは前出の田村明孝さんからのアドバイス。ただし、あまり安いところにはそれなりの問題もあることも知っておこう。

高齢者住宅の情報収集法

高齢者住宅の情報収集には、①本や雑誌の記事や広告を参考にする、②インターネットの高齢者住宅情報を参考にする、③セミナーなどの参加者からの口コミ情報を利用する、④高齢者住宅の情報センターや紹介センターを利用する、などがある。

①については、全国の高齢者住宅を扱った本や、ランキングを掲載した雑誌なども多い。ライターによるルポ記事や入居者の声も掲載しているが、**雑誌のランキングなどは広告などとのからみがあることも多い**ので、目安程度に考えたほうがいいかもしれない。

最近は「高齢者住宅選び」をテーマにしたセミナーが多い。そうしたセミナーなどに参加し、参加者からの口コミ情報を聞くという方法もある。セミナーには百戦錬磨の見学者も参加していることがあるので、そういう人を見つけたらいろいろ質問してみるといい。

地域には高齢期をテーマに講座を開き、高齢者住宅やお墓の見学をしている市民グループがあるし、住まいを選択する力をつける「住まいづくり」、老い支度などよりよい老後のための「暮らしづくり」、会員相互の交流や会の活動への応援団を募る「仲間づくり」の３本柱を軸に活動しているＮＰＯ法人「高齢期の住まい＆暮らしをつなぐ会」（旧福祉マンションをつくる会）のような会もある。

民間の相談センター、紹介センターは１００社を下らない。センターは一般の不動産仲介業と同じように、入居者を紹介した高齢者住宅側からの成功報酬（20万〜30万円）で運営しているので、相談側には費用は一切かからない。会員制でセミナーなどを含め、クオリティの高いサービスを行うところもある。しかし、中には運営法人・会社の子会社だったり、高額な報酬を目当てに**特定のホームに誘導するところもある**ので、良心的なところを探したい。

いずれにしても、高齢者住宅選びでは資料を取り寄せて検討し、最終的にはホームを実際に訪れ、**自分の目で確かめることが大切**だ。パンフレットに書かれている内容があいまいだったり、自然や風景ばかり強調していたり、金額の具体的な表示がないところは要注意。

費用については入居時だけではなく、入居後の費用や、介護を受ける際の追加料金などが細かく記載されているどうか。医療・介護サービスについても、「充実した医療サービス」といったあいまいな表現をしている高齢者住宅には気をつけたい。いずれにしても、資料は広告と考え、鵜呑みにしないことが大切だ。

■高齢者住宅情報の入手先

◎（公財）全国有料老人ホーム協会

有料老人ホームに関する情報提供に加え、「入居相談室」では相談を無料で行っている。入居相談などの他、各登録ホームの契約書、財務諸表等の資料の閲覧もできる。

☎ 03-3272-3781（代表） 03-3548-1077（入居相談） 平日10：00〜17：00

http://www.yurokyo.or.jp/

◎ＮＰＯ法人　シニアライフ情報センター

「市民目線」で良質な施設とサービスの情報提供を行う会員制の高齢者住宅の相談・情報センター。会員対象のセミナーや見学会も行っている。同法人のサイトには全国のケアハウス一覧が掲載されている。

http://www.senior-life.org/

◎（株）タムラプランニング＆オペレーティング（田村企画）

「高齢者の住まい」に特化した総合コンサルティング会社による会員制の入居相談センター。セミナーやサロンを開催しながら、入居相談から入居後相談までを行う。同社のサイトから検索できる全国の推奨ホームや、同社社員による見学レポートは参考になる。

http://takikaku.co.jp/soudan.html

◎（社）すまいづくりまちづくりセンター連合会

全国各地のセンターでは、高齢者住宅をはじめとする「住まい」に関するさまざまな講演会を企画。シニアの住み替えや２地域居住の情報提供も行っている。

http://www.sumaimachi-center-rengoukai.or.jp/03public/index.html

◎ＮＰＯ法人　高齢期の住まい＆暮らしをつなぐ会（旧福祉マンションをつくる会）

http://fukushi-m.jp/about/index.html

ここまで事前にわかる「重要事項説明書」

インターネットなどを通じて資料を請求するときには、パンフレットと一緒に**契約の内容が具体的に書かれた「重要事項説明書」**も請求しよう。請求したときに送付をしぶったりするところは候補から外し、その事業者が安定した経営をしているかどうかがわかる**「財務諸表」**も一緒に請求したい。ただし、財務諸表は内容が読みにくいので、契約関係に詳しい人や、不動産関係に詳しい司法書士など専門家に相談することが必要だろう。

高齢者住宅や施設の「重要事項説明書」に書かれているのは、①事業はだれがやっているのか、②施設の概要、③利用料、④サービスの内容、⑤介護を行う場所など、⑥医療、⑦入居状況、⑧職員体制、⑨入居・退去など。

この書類の入手を勧めるのは、ある程度のチェックが事前にできるからだ。東京都の重要事項説明書の参考例（141ページにリンクを掲載）をモデルに、そのポイントを見てみよう。説明書の記載内容は決まっているが、自治体によっては項目の順番が多少ちがったりするので、インターネットでもよりの自治体の参考例やひな形を探してみるといいだろう。有料老人ホームの実際の重要事項説明書をまとめてネットで掲載している自治体もある。

まず、最初の項目は高齢者住宅の種類。①**「ホームの類型・表示事項」**を見れば、その高齢者住宅がどんな種類なのか（「介護付き」か「住宅型」か「サ高住」か）と、権利形態や利用料の支払い方式が確認できる。

同じ項目にある**「入居時の要件」**や**「介護保険の利用」**を見ると、居住者の自立度がある程度わかる。また、同じ「介護付き」でも入居条件を見ると「自立」「要介護１以上」「要支援・要介護」「自立・要支援・要介護」が記載されているため、「自立」とあれば元気な人向けの雰囲気、「要介護」ならば介護度の重い人が多いだろう、という予測ができる。さらに**「介護保険の利用」**欄では、そこが「特定施設」かどうかも記載されているので、介護がホームで受けられるのかどうかも確認できる。

運営法人の名称や住所などに加えて、②**「ホームの運営事業者」**では、その運営法人がほかにどんな介護保険サービスを行っているのかも確認できる。③**「ホームの概要」**では開設月日などが、④「ホームの建物・設備の情報」では、階ごとの居室数と居室の広さ、浴場、食堂などの共有施設などが確認できる。⑤**「職員体制」**と⑥**「夜間職員体制」**からうかがえるのは、介護職員の配置数。常勤よりも非常勤が多いと、ケアの質がどうなのかちょっと心配になる。
⑦**「安否確認・医療的ケア」**では、安否確認の方法と対応できる医療ケアの内容が確認できるので、ホーム内で対応できる医療ケアを確認しておこう。⑧**「医療機関との連携」**の欄には協力医療機関（または嘱託医）と、協力内容が書かれているが、１１１ページで説明したように、病院との〝協力・提携〟は実際には「見かけ倒し」のことが多い。診療科目も含めてどんな病院なのかをインターネットで調べ、見学の際に緊急時の対応や契約内容を聞くと同時に、

通院の付き添いなどの費用発生があるかどうかなども説明書でチェックしておこう。

⑨**「入居時要件」**では、要介護度、医療ケア、認知症の状態などによる入居条件と、入院時の契約、施設から契約解除される場合の要件などが確認できる。⑩**「入居時の居室移動」**では居室の移動の可能性があるかどうかがわかる。

⑪**「入居・退去状況」**では入居者の人数、年齢、要介護度などがわかるため、そのホームの雰囲気が①と同じようになんとなく見えてくる。「年間の退去者数」の多いところは、何らかの理由で居住者が出て行っている、ということ。スタッフの問題、居住者の人間関係、事故や施設内感染、重症者の病院送りの多さなど、さまざまな可能性が考えられる。また、入居者数を定員で割ると「入居率」が出てくる。入居率が1年目で60％、2年目以降で80％を割っているところは、何らかの問題がありそうだ。

そして⑫**「利用料」**。ここでは入居一時金や敷金・保証金など「前払い金」の有無、「月額利用料」（家賃相当額、管理費、介護費用、食費、水道光熱費など）の金額とその算定根拠が確認できる。とくにチェックしたいのが⑬**「前払い金の返還」**。入居一時金は入居期間が短ければ返却されるが、一定金額を返還対象としないホームもあるので要チェック。

一時金については、返金をめぐるトラブルが多い。これを防ぐために「90日ルール」というクーリングオフ制度があり、入居してから90日以内に退所や死亡で解約したときには、生活した期間の利用料などを差し引いて返金されることになっている。

また、ホームが倒産して解約するときには、最大５００万円まで一時金を返金するように義務づけられているが、約３割のホームがこれらを契約に盛り込んでいない。返金額についても不透明なホームが少なからずある。

分量が多くて読むのがしんどいかもしれないが、住み替え後の介護について関心のある人は、⑰**「介護サービスの一覧表」**をしっかり見ておきたい。ここにはその高齢者施設で受けられる「介護サービス」「生活サービス」「健康管理サービス」「入退院時、入院中のサービス」「その他サービス」の内容と、それが追加費用になるかどうかが書かれている。

重要事項説明書には、あいまいな書き方がされている場合も多いので、不明な点は見学時に具体的に聞いて、はっきりさせるといい。そのためにあるのがこの説明書なのだから。

■重要事項説明書に関する便利なサイト

◎重要事項説明書を確認しましょう（東京都）

http://www.fukushihoken.metro.tokyo.jp/kourei/koho/yuuryousasshi.files/anshin_19-24.pdf

◎東京都有料老人ホーム重要事項説明書一覧

都内の有料老人ホームの重要事項説明書が実際に見られる便利なサイト。

http://www.fukushihoken.metro.tokyo.jp/kourei/shisetu/yuuryou/jyuuyoujikou/

高齢者住宅を見学するときに

どんな家探しでもそうだが、いちばん重要なのは見学だ。資料や口コミではよさそうに感じたところでも、実際に見てみるとあまりのギャップにびっくりすることがある。のちのち後悔しないために、最低でも5つくらいは見学したい。そして、ホーム長と会って介護方針などを聞き、気になったところには時間を変えて何回か足を運び、できれば体験入居をしてみることをお勧めする。

私の場合は、ラッキーなことに「勉強だから、私もご一緒します」とケアマネさんが言ってくれたおかげで、最初から高齢者住宅を介護のプロの視点を交えて見ることができた。見学への道すがら、彼女が教えてくれた見学のポイントは……。

①掃除が行き届いているか
②館内にトイレの臭いがしないか
③介護スタッフの表情が明るいか
④趣味やレクリエーションのプログラムが充実しているか
⑤部屋にはちゃんと介護コールの設備があるか
⑥トイレは使いやすいか、など。

さすが、プロの視点は鋭い。しかし、何度も高齢者住宅や施設に通うと、そうしたことに加えて、**そこが「住まい」という意識でつくられているかどうか**が気になってくる。好みは人それぞれなので一概には言えないが、もしも、私が自分自身の介護を視野に入れて選ぶなら、ホテルのようなエントランスやレストランなどの設備よりも、入居者が自然と集まれるようなアットホームな共有スペースがあったり、スタッフや入居者の笑顔が多い高齢者住宅を選びたいと思う。

見学するときにはホーム側が設定した「見学会」に参加するよりも、個別に何人かで見学を申し込み、実費を払ってでも「食事」を入居者と一緒に食べることをお勧めする。家族や友人と見学すると複数の視点が出てくるし、食事は毎日のものだから、実際に食べてみるとサービスの一端がわかる。食事どきは入居者の表情やスタッフの介助の様子も観察し、入居者と直接おしゃべりをして生情報を聞ける絶好のチャンスでもある。

見学時には館内をできるだけ詳しく見せてもらおう。食堂など共用スペースの雰囲気、部屋の間取り、日当たりや風通し、緊急コールの有無、廊下や階段の手すりの設置状況や高低差、浴室、トイレの清潔度や換気もチェックし、**できたら全館を見せてもらう**ようにしたい。「上のフロアも同じです」と言われるかもしれないが、共有スペースに居住者が出てきているか、どんな表情で過ごしているのか、スタッフの教育はゆきとどいているか、「住まい」の雰囲気をかもし出すために、どんな工夫がされているか、などが見えてくる。担当スタッフとの会話から、具体的な情報を引き出せる可能性もある。

見学の際には**霊安室の場所も**確認したい。そこを「終の住みか」にするのなら、死んだときに地下の薄暗いところに安置されたり、裏口からこっそり運び出されるのではなく、表玄関からみんなに見送られて明るく出て行きたいからだ。霊安室の場所がどこにあるのかは、ホームの「理念」ともつながってくると、私は思う。

見学が終わると、担当者からホームの説明を再び聞くが、そのときに生きてくるのが、重要事項説明書であらかじめチェックしておいた疑問点。入居金（入居一時金）の償却について、償却前にホームを退去したり、本人が死んだ場合の入居金の返却、月額利用料にはどこまでが含まれ、どこからが別枠なのかなどを詳しく聞く。

月額利用料については、介護が必要になったときの「介護保険自己負担分」や実際に使うものの費用（日用品、おむつ、レクリエーション費など）は別途の支払いとなる。通院・外出介助、掃除、洗濯、買いもの代行など、入居者の選択によるサービスも別途料金だ。

こういうオプション（追加料金）はバカにならない。さらに、別途サービスを提供することで、介護料金が加算されることもある。入浴を既定の回数（ふつうは週2〜3回）以上希望する場合、ナースコールの対応をした場合、病院への付き添いや外出などに、どの程度の別途料金や実費を請求されるのかも、あらかじめ聞いておこう。

介護付き有料老人ホームでは、利用した時間に関係なく要介護度によって料金が決まっているが、3対1という介護保険による配置を超えてスタッフを配置しているホームでは、別料金として「上乗せ介護費」が加わる。この費用も具体的にホームに聞いてみたい。

途中で契約を解約してホームを出る場合は、ふつう入居期間によって、入居金の一部が返却されるが、返却するお金の計算方法がホームによってまちまちなので、退去するときにトラブルが起こりがち。そうならないように、たとえば半年で退去するとき、1年で退去するとき、5年で退去するときには、**いくら入居金を返してもらえるか**を、一例として計算してもらうといい。

契約締結後90日以内に解約する場合には、利用料などを除いて入居金は全額利用者に返すことになっているが、そのホームの場合はどうかも、再確認しておこう。

ここまでの過程で責任者（ホーム長、施設長など）が顔を出さないホームは、ちょっと問題かもしれない。ホームは施設長次第と言ってもいいので、見学の予約を入れるときに面談をリクエストし、できたら介護の経験・経歴をちゃんと確かめておこう。認知症になったときの具体的な対応や、ホームでの看取りに関しても**事例を詳しく聞いておきたい**。

もうひとつ聞いておきたいのが、**火事や震災などに対するホームの防災体制**。東日本大震災のときの、具体的な対応をちゃんと話してくれるのかどうかも、評価のひとつの目安。建物の被害と修理状況も合わせて聞いておくといい。

費用に加えて、**「退去」の条件**についても再確認する。「終身介護」と謳われていても、実際には居住者が退去を求められることは少なくない。国民生活センターに寄せられる相談でいちばん多いのは「病気やけがによる入院」が理由で退去を迫られるケースだ。

だから、何か月以上入院したら退去を求められるのかを確かめておく。大声、暴力、徘徊などでほかの利用者に迷惑をかけたり、介護の重度化を理由に退去を求められることもあるので、どういう状態になったらホームを出なければならないのかなども、あらかじめ聞いておきたい。

契約書は家に持ち帰り、わからないところがあったら担当者に問い合わせる。契約をめぐる**トラブルの原因は、利用者が契約書をきちんと読んでいなかった**ことが多い。トラブルが起こったときには、しっかり読まなかった利用者の責任になってしまうので、くれぐれも気をつけよう。

契約する前に体験入居

「ここなら」と思ったホームには、できたら2～3日体験入居をしてみることをお勧めする。費用が1日1万円程度かかるが、見学だけではわからない点が見えてくる。朝食から夕食まで食べてみると、食事の質がしっかりわかるし、館内の使い勝手、居住者の1日の過ごし方、スタッフの様子、近所の環境、日当たりなども実感できる。とくに見学ではわからないのが夜の様子。うろうろする人が多かったり、ケアコールが何度も鳴ってうるさかったり、スタッフがバタバタと走り回ったり、泊まってみないとわからないことがいろいろ出てくるからだ。

すでに介護状態になっている人の場合は、ショートステイで利用してみると、本人のなじみ度とだいたいの雰囲気がわかる。話ができるときは本人から感想を聞くことができるし、話ができなくても帰宅したときの様子で見えてくるものがある。

そして、納得できたら契約、ということになるが、その前に念には念を入れて不明点や未確認事項をはっきりさせたい。納得したつもりでも、いろんなアラが見えているうちは「まだ納得していない」ということだ。清水の舞台から飛び降りる思いで入居しても、「こんなはずではなかった」ということもある。

「しまった」と思ったときには早めの退去を。高齢者住宅では入居金から日割り家賃＋サービス料実費＋原状回復費を差し引いた金額の返却が義務付けられている。前述した「90日ルール（クーリングオフ）」の期間内であれば、初期償却分も全額返還対象となる。ただし、90日の起点は「契約時」なのか「入居時」なのか、事業者によって違う。重要事項説明書にも書かれているが、こうしたことも含めてきちんと事前に確認をしておきたい。

■高齢者住宅入居後にトラブルが発生したら

◎東京くらしＷＥＢ　http://www.shouhiseikatu.metro.tokyo.jp
高齢者のための消費生活相談専用電話「高齢者被害１１０番」
☎　０３-３２３５-３３６６　月～土　9：00～17：00
◎国民生活センター　http://www.kokusen.go.jp/map/index.html
消費者ホットライン　☎　０５７０-０６４-３７０

《コラム》

終の住みか、道子さん（72歳）の選択

私が住み替えを考え始めたのは、夫を亡くした10年前。

子どもたちはあてにしたくなかったし、住んでいた埼玉県の家も夫の仕事の関係で移ってから購入したので、そこで最期までという強い思いもなかったからです。

まだ60代だったので、遊び感覚で有料老人ホームをいくつも見て歩きました。リゾート地の高級ホテルのようなホームも見学したし、マンション生活も悪くないと新築マンションも見に行った。

いろいろ見ているうちに、趣味で続けてきたコーラスグループとのつながりがあったほうがいいと思い始め、県内の都市部にエリアを絞って探すことにしました。

高齢者住宅関係のセミナーにも何度も参加しながら、家を売却したときの収入と自分の年金と貯金を計算し、予算に見合うエリア内のホームを何か所も見学しました。条件は「駅が近い」「買い物に便利」「プールや公園が近くにある」「自宅と同じように自由な生活ができる」「部屋が広い」「介護状態になったときのケアが安心」「看取りをする」の8点でした。

夫を病気で亡くしているので、こだわったのはケアがついていることです。でも、元気なうちは自由に暮らせるところがいい。

ところが条件に合うようなホームはなかなか見つからず、部屋も悲しいほど狭いところばかりでした。

「これなら暮らせそう」という、こじんまりした２ＤＫの終身型ホームが見つかったのは3年前。入居一時金約３０００万円、月々の費用（管理費＋食費）が約16万円は少々高かったけれど、これだけ条件のそろったところはないだろうと、心を決めました。

自宅にはオープンガーデンにしていたほどの庭

があり、その庭の手入れがちょうど重荷になってきたところ。

そこで、満室だったそのホームに空室待ちの予約登録をし、その間に身辺整理をすることにしました。

まずは食器類。これは新聞折り込みで「不用品を仲立ちします」という青年会議所のチラシがあったので、連絡して半分以上、持っていってもらいました。

本は蔵書印を押してあるものが多かったので、古書店が買い取ってくれません。

専門書もたくさんあったけれど、図書館で引き取ってくれたのはごく一部。山のような本は息子に協力してもらってごみ処理場へ直接運び込みました。

処分に困ったのが人形です。神社に電話で相談すると「魂を抜いて差し上げます」と言われ、持参して祝詞《のりと》をあげてもらいました。「ゴミに出すときには布に包んで、塩を振って出してください」と言われ、料金を聞くと「５０００円から」とのことだったので、３体分で５０００円を包みました。

１年後に入居ＯＫの連絡が入ると、部屋の図面を見ながら身辺整理の仕上げ。持ち込めない家具は近々結婚予定の友人の娘さんにもらってもらいました。

自宅は築40年の物件だったけれど、知人から紹介された不動産屋が、上物を含めた買い手を見つけてくれたのがうれしかった。

入居が一段落すると、持病の変形性股関節症の手術を行いました。退院後、ひとりの自宅に帰るのは不安なので、ホームへの入居後にと考えていた手術です。

３週間の入院後、ホームに戻ってきたら、スタッフが全員で「おかえりなさい」と出迎え、快気祝いをしてくれました。

そのとき初めて思ったんです。「ここなら安心して暮らしていけそう」だと。

私のように、「早目の住み替え」を意識的に考える人はまだまだ少ないそうですが、要介護になってからでは、住み替え先を選ぶにも選べないこともあります。息子に勝手に住み替えを決められ、「こんなところで暮らすはずではなかった」と後悔するのはイヤですからね。

おひとりさまは元気なうちに、介護状態になったときの「住まい」について情報を集めたり、「認知症になったら、ここに入れてほしい」という入居先のリクエストを書いておくくらいはしておかないといけないですね。

第3章

介護施設に住まう

介護保険で入れる施設もさまざま

「介護を受けたい場所」や「看取りを受けたい場所」などの調査を見ると、複雑な思いを抱えるシニアの姿が浮かんでくる。

2010年に内閣府が行った「介護保険制度に関する調査」によると、「現在の住まいで介護を受けたい」は約4割、「介護付きの高齢者住宅に住み替えて介護を受けたい」は約2割、「特別養護老人ホームや老人保健施設に入所して介護を受けたい」は約3割、「病院に入院して介護を受けたい」は約1割だった。

この調査で「現在の住まいで介護を受けたい」と答えた人は、高齢者住宅や施設を嫌う理由を「自由な生活ができない」「他人との共同生活はしたくない」「施設で他人の世話になるのはいやだ」などと答えていた。そういえば、私を含めた団塊世代の特徴は「アンチ画一主義」と「自分らしさ」と「わがまま」だ。

しかし、自宅で介護や看取りを受けたいと願うとき、問題になるのは**家族に介護の負担がかかる**こと。本人が「家にいたい」と思っていても、介護に消極的な家族と老々世帯が増え、介護がむずかしくなる傾向は年々広がるばかりだ。介護保険サービスが改定のたびに使いにくくなっていることも大きな原因で、「介護離職」する人は、年間10万人にのぼる。

2014年に連合が行った家族の介護に関する意識と実態調査では、現在の介護保険サービスには「利用回数・日数が少ない」「夜間・緊急時に利用できない」などの問題があり、在宅介護を「続けていけない」と答えた人が3割以上いた。要介護者の認知症が進むにつれて増える問題に悩む人が多く、特別養護老人ホームなど介護施設への入所を申請した人と、予定している人は4割を超えている。

介護保険を使って入れる施設には、**介護三施設**と呼ばれる介護老人福祉施設＝特別養護老人ホーム（特養）、介護老人保健施設（老健）、介護療養型医療施設と、地域密着型の認知症グループホームの4種類がある。介護三施設にはそれぞれ〝住みわけ〟があり、**特養は「生活のための施設」**、**老健は「リハビリ機能をもつ中間施設」**、**介護療養型医療施設は「医療ニーズの高い人の療養施設」**とされている。

介護施設の代表格、特別養護老人ホーム（以下、特養）は全国に約8000か所あり、約52万人が暮らしている。それと同じ約52万2000人が「入居待ち」となっているという数字が2013年12月に出た。このうち入居の必要性が高い「在宅で要介護3以上」は、約15万2000人。とくに都市とその周辺部では今後、介護が必要な人が増えているのに、介護人材が不足しているため、**施設の受け皿不足はますます深刻**になっていく。

入居待ちが増え続けるのは、高齢化の速度に整備が追いつかないからだ。特養は介護サービスの中ではコストが高いため、東京都以外の多くの自治体では財政難や土地不足を理由に特養を増やすことに慎重になり、代わりの受け皿として、サービス付き高齢者向け住宅などにちからを入れている。

厚労省は受け皿整備の重点を「特養以外」（サービス付き高齢者向け住宅）に移す方向を進め、そのいっぽうで2015年4月から新たな入居者を原則「要介護3以上」に絞り込むことにした。特養の平均要介護度は3・9。「要介護2以下」の人は要介護者全体の34％を占めるが、こうした人の多くが今後、特養に入れなくなる。

特養への入居を多くの人が希望するのは、24時間の介護サービスを比較的安く受けられ、しかも「看取り」までしてもらえる可能性が高いからだ。特養は高齢者住宅やほかの施設では受け入れられない重度の認知症の人の「最終的な住まい」にもなっている。

特養の利用者の9割は認知症の人で、8割は低所得者だと言われる。認知症の人はこれからさらに増えていくし、低所得の高齢者も確実に増えていく。こうした人たちの「終の住みか」をどうするのか。特養の抱える問題は、これからの高齢者の「住まい」の問題と大きくかかわっている。

特養について知る

ところで、特養とは？

特養の介護保険制度上の正式名称は「介護老人福祉施設」。社会福祉法人や地方自治体などが運営する公的な介護施設で、「心身の障害で在宅生活が困難な高齢者」が、介護保険が適用される介護サービスを24時間受け「日常生活を介護する施設」とされている。

特養で提供されるのは、介護職員や看護職員による入浴・食事・排泄の介護、機能訓練指導員や生活相談員による簡単なリハビリテーション、介護職員による掃除や洗濯、買い物やレクリエーションといった生活援助系サービスだ。

先ほど介護三施設にはそれぞれ〝住みわけ〟があると書いたが、**特養の医療は限定されている。**特養に入れば介護も医療も安心と思っている人もいるが、実際には週2回程度やってくる嘱託医と、100人に対して3人、夜勤配置の義務のない看護師がいるだけ。医療ニーズのある高齢者は増えているが、実際には対応していない特養も少なくない。

特養のメリットとしては、①看取りも含め長期滞在が可能、②利用料が安い、③認知症ケアに慣れている、などがあげられる。逆にデメリットは、①入居がむずかしい、②医療と医学管理下のケアは限定的、③医学的な機能訓練はしない、などがある。

特養では介護職員が3対1（1人で3人の入居者を支える）以上、入居者100人に対し看護職員3人、介護職員31人、ケアマネジャー1人、生活指導員1人以上の配置が決められているが、設備、ケア内容、医療連携水準同様、職員配置もホームによってばらつきが大きい。

特養は施設の居室の形態によって2種類に分かれている。ひとつは多床室（4人以下の定員）

と個室（1人および2人定員）をもつ「従来型特養」。もうひとつは個室でユニットケア（1ユニット定員10人）を行う「新型特養（全室個室・ユニット化）」だ。実際には、多床室とユニットケアとの両方が施設内にある「一部ユニット型特養」があるが、２０１１年の法改正でこのタイプの施設は制度上では、なぜか「ない」ことになっている。

長年、4人部屋が主体だった特養も、次第に個室が主流となり、今では10室程度を1ユニットの生活単位とした「ユニットケア」が主流となった。国も２００４年から「原則個室化」を進めてきたが、ここにきて逆風が吹き、都道府県と政令指定都市の7割以上が、4人部屋などの新築を認めるという**多床室の復活**が始まっている。

高齢者住宅にあって特養の個室にないもの。それはキッチンだ。そういう意味では**特養には「住まい」の視点は少ない**。山の中腹にあった１００人の特養を解体し、入居者が生活していた地域の小規模施設に分散させて戻すという、先進的な試みを行った新潟県長岡市の高齢者総合ケアセンター「こぶし園」総合施設長の小山剛さんは、特養を「災害避難所に似ている」と言っているが、実際、特養はトイレも共用のところが多く、部屋にはベッドと身の回りのものを保管する収納棚が置かれているのが基本だ。

居室の広さは旧ユニット型や新型特養ではトイレがついた13・2㎡（8畳）もあるが、現在では一律10・65㎡（6・5畳）以上で、実際にはこの広さがほとんどだ。浴室も共同で、食堂とリビングを兼用する共同生活室があるというのが、特養の一般的なかたちとなっている。

特養の８割近くには、短期で利用できるショートステイ（短期入所生活介護）があり、デイサービスやヘルパーステーション、訪問看護ステーションを併設しているところも多い。とくにデイサービスを併設している特養は半数以上にのぼる。

しかし、こうした併設施設は地域で在宅生活をする人を対象とした「居宅サービス」なので、特養の入居者は利用することができない。１階のデイサービスではさまざまなレクリエーションが行なわれ、歓声があがったりしているのに、２階の特養では入居者がぼんやりテレビを見ている光景を見ると、今でも複雑な思いがする。

「集団ケア」から「個別ケア（ユニットケア）」へ

ユニットケアは、それまでの画一的な集団ケアではなく、施設の中で高齢者が「その人らしい時間を過ごせるように」という個別ケアの理想をもつ各地の先駆的な特養の施設長や介護職員が、１９９０年代の後半から始めた小グループ単位のケアだ。

介護保険制度の始まる前の特養では、**流れ作業のような集団ケアが主流**だった。入浴介助では工場ラインのように次々と入居者が送り込まれ、おむつも定時にならないと交換しないところが多く、本人の気持ちや状態にはおかまいなしに進めるケアが行われていた。

そうした施設のあり方に疑問をもった特養運営者や、地域に出て今のデイサービスのモデルとなった「宅老所」を全国でつくっていた施設関係者が、宅老所のもつ**「小規模、家庭的、個別的」**な実践を施設に取り入れたのがユニットケアの始まりとされる。

スウェーデンで学んだ建築家の故・外山義さん（当時は京都大学大学院教授）を理論的支柱に、前出の「こぶし園」、島根県の「ことぶき園」、富山型と呼ばれる小規模多機能型ホームの先駆けとなった「このゆびとーまれ」、仙台市の「シオンの園」、長野県の「アザレアンさなだ」、宮城県の「せんだんの杜」、兵庫県の「喜楽苑」、千葉県の「風の村」など、今もユニットケアの理念を継承し、「住まい」としての施設づくりを続けている施設の施設長が先駆的な活動を行った。アザレアンさなだの施設長・宮島渡さんの『地域でねばる』（全国コミュニティライフサポートセンター）を読むと、当時の施設長たちの「これからの特養」への思いが熱く伝わってくる。

1999年にはユニットケアの実践研究と情報交流を目的に「特養・老健・医療施設ユニットケア研究会」が発足。「ユニットケア全国セミナー」などが全国で開かれるようになり、介護保険サービスがスタートした2000年には、ユニットケア施設への補助が認められ、2002年度には全室個室・ユニットケアが制度化されて介護施設の主流へとなった。

従来型施設では、入浴、排泄、食事をはじめとする生活介護が中心だったが、ユニット型では**「住まい」**や**「暮らし」**を意識した制度設計となり、入居前の自宅での生活と入居後の生活を連続させる支援を重視した基本方針が考えられた。従来型では「入所者」だった居住者は、ユニットケア型では「入居者」と呼ばれるようになった。

しかし、ユニットケアで確立された「入居者の尊厳」は、自民党が２０１２年の総選挙で「特養の不足」や「建築コストが安い」「多床室を希望する人がいる」などの理由をあげ、「多床室の復活」を公約に掲げたことで揺らいできた。

１年ほどボランティアをした特養には多床室がいくつかあったので、個室と多床室の違いを観察できた。まず、多床室にはプライバシーがない。隣の人のいびきやうめき、おならの音も筒抜けだ。おむつ交換のときには臭気が漂ってくるし、ポータブルトイレでの排泄音も聞こえる。多床室には自分の家具もないし、家族が訪ねてきても気軽に語り合うこともできない。最近では「プライバシーのある多床室」として衝立《ついたて》の導入を語る人がいるが、そうした部屋で何年も暮らすことを考えてみてほしい。「意識があるかどうかもわからない重症の人に個室が必要か」という意見もよく聞くが、そういう人にはその重症者を自分に置き換え、支払ってきた介護保険料を考えるくらいの想像力をもってもらいたいものだ。

特養の料金

特別養護老人ホームといえば、低額で利用できるというイメージが強い。しかし、ユニット型個室を設置している施設では、民間の運営する有料老人ホームと変わらないくらいの利用料金が必要になるところもある。

特養の費用は介護サービス費（要介護度別）の1～2割＋食費＋居住費（室料）で、掃除、洗濯、おむつ代などの費用はすべて含まれている。施設での対処やサービスなどに応じて「外泊時費用」「看取り介護加算」などの介護サービス加算が発生するが、その1割も自己負担となる。ただし、水道光熱費や電話代、理美容代、新聞・雑誌などは実費。

居住費は、施設や居室のタイプによって決まり、当然ながら多床室よりも個室のほうが高く設定されている。居住費を月額でざっくり見ると、多床室では1万円、従来型個室では3万5000円、ユニット型個室では5万円程度。個室の居住費と食費は2005年から全額自己負担となっている。

食費は約4万2000円で、水道光熱費は約1万円、あとは要介護度別の介護サービス費で、要介護5の場合、多床室では約2万7000円、従来型個室では約2万6000円、ユニット型個室では約2万8000円。これらを合算すると多床室では約8万9000円、従来型個室では約11万3000円、ユニット型個室では約13万円となる。

ユニット型個室で基準面積を大幅に超える部屋や、特別な景観があったり、設備が豪華な居室については基準額を超える価格設定が可能で、都市部では日額3000円を超える部屋もある。食費は1日1380円が基準額だが、これはあくまでも基準といったところ。ホームによって食費は多少違っている。

月額利用料は所得によって異なり、**低所得の人は食費と居住費が減額されるのが、特養をはじめとする介護三施設の特色**だ。減額の対象になるのは「非課税世帯＝住民税がかからない人」で、預貯金が単身で1000万円、夫婦で2000万円以下とされている。

非課税世帯の場合は、市区町村の介護保険課で**「介護保険負担限度額認定証」**を申請して該当となれば、月に13万円近くかかる新型ユニットの個室特養も、月に5万〜9万円程度で済んでしまう。介護サービス費も非課税世帯該当であれば減額の対象となる。

冒頭で2015年4月から特養の入居条件が「要介護3以上」になったと伝えたが、それに加えて、2015年8月からは所得が低くても預貯金が個人で1000万円、夫婦で2000万円を超える場合は、減額の対象からはずれることになった。

さらに、従来は夫婦で世帯分離して収入が低くなっていた場合も、世帯分離ができなくなる。これは本人の申告で判定し、不正に減額を受けるとその3倍の罰金を科されるという。また、利用者負担が1割に抑えられている多床室の居住費についても、2015年度から基準費用が値上げされた。

こうした「改革」を通じて入居者を絞り込み、**より重症者・低所得者向けの施設に特養を変えていこう**というのが、国の新しい方針だ。

個室の定員は自治体の条例で定められることになっているため、これまでの個室・ユニット化から一転、低所得者対策として多床室での新築を進める自治体も増えてきた。「待機者が減るので、社会への貢献度が高い」というのがその理由だが、100室のうち2割を多床室にするように指導する行政が少なくないという。

特養に申し込むには？

ますます入りにくくなってきた感のある特養だが、待機者52万人という数字には少々トリックがある。まず、2014年現在では要介護1以上が入居の対象なので、要介護認定を取った人たちが**将来への不安から「とりあえず申し込む」**ケースが多い。そして、特養は数か所申し込みができるので、たいていの人は二重、三重に申し込んでいる。

2015年度から、特養への新規の入居は原則「要介護3」以上と、入口を狭めハードルを高くしたことで、待機者の数は今後、少しは減ってくるだろう。とはいえ要介護度が低くても、家族が病気、高齢、就労、育児、虐待などの問題を抱えているために、十分な介護が受けられない人は多い。こうした人の受け皿はどうなるのだろうか。

さらに、特養では職員不足が深刻になっている。東京都内では職員が足りないため、入居者の受け入れをやめたり、部屋を一部閉鎖する施設も出始めた。介護施設はこうした問題も抱えている。

介護保険が始まる前の「措置」の時代、特養への入所は行政が入所者を割り振っていたが、介護保険の導入後は「申し込み順」で入所が決まるようになった。だが、軽度の高齢者が複数の特養に「予約」的に申し込むことが多くなったため、２０１１年に厚労省は運営基準を見直し、入所は**「緊急度順」**に変わった。

これを受け、各都道府県では優先入所の指針を設け、その判定で入所の順番が決められることになった。優先入所については各施設共通の基準と施設ごとの基準が設定され、１００点満点で申込者の状況を点数化し、合計点数の高い人から優先して入所できる、というシステムを取る自治体が多い。最終決定権は各特養にあり、独自の基準をつくっている場合も多い。

特養への入所申し込みをするには、まず市区町村の介護保険担当窓口から「入所申込書」や「状況調査票」などを「施設ガイド」とともに入手する。そして、必要事項を書き込んで、入所を希望する特養に家族やケアマネジャーが直接出向いて申し込みをする、という方法を取る自治体がほとんどだが、東京都の世田谷区や新宿区、横浜市などのように区や市が窓口になるところもある。

希望の特養に入れるかどうかは、「緊急度」に加えて「どれだけ切羽詰まっているか」を施設側に訴える、家族やケアマネジャーのちからによるところも大きい。申込書の「入所希望理由」の欄に、本人の困難な介護状態や、主介護者が仕事や病気などでどうしても介護ができない状況をしっかり書くことはもちろん、嘆願書や電話、面談などでそのフォローをしていくことも必要だ。本当に切羽詰まっていることが伝われば、施設側も無視はできない。

申し込む前に実際に見学を

高齢者住宅に限らず施設選びでも大切なのは、施設のケアに加えて、そこが「終の住みか」になりうるかということだ。

特養への入居は「とにかくどこでもいい」となることが多いが、よほどの緊急性のある場合以外は、申し込む前に複数を見学して比較することをお勧めする。どの施設でも基本的に見学を随時受け付けているが、生活相談員などの担当者がいない日もあるので、各施設に直接電話して、日時の打ち合わせをしたほうがいいだろう。

有料老人ホームと同じように、特養も施設によって運営方針がちがう。全国17万事業者の情報が検索できる厚労省の**「介護サービス情報公表システム」**や、東京都の**「とうきょう福祉ナビゲーション」**などを通じて、**第三者評価**を参照するのもひとつの方法だ。これは事業者の提供するサービスの質を客観的な立場から総合的に評価する制度。ある程度の目安になるので見てみるといい。

見学のポイントは、高齢者住宅と同様（142ページ参照）だ。家族の通いやすさに加えて、費用面、清潔感、入居者の表情、食事の内容、スタッフのケアの様子、理学療法士や管理栄養士がいる場合は、どんな役割を果たしているのか、夜間のスタッフ数、事故件数、協力病院、嘱託の医師などについても確認しておく。施設の場所としては、やはり本人が慣れ親しんだ地域であることが望ましい。

特養でケアを受ける人のほとんどは何らかの認知症の症状をもっている。ボランティアをした区内の特養では、認知症には100人いれば100の姿があることをまざまざと見せてもらった。中には奇声を発したり、暴力的になる人もいた。見学はスタッフがそういう入居者にどう接しているのかを見る、いいチャンスでもある。

施設によっては入居者の車椅子をテーブルにピッタリつけ、事実上の拘束をしているようなところもある。雰囲気が明るいか暗いか、入居者の元気度はどうか。親や伴侶の入居を考えている人は、「自分だったらここで暮らしたいかどうか」を考えながら、できるだけ多くの施設を見比べてほしい。

そして、見学をして気に入ったところがあれば、順番待ちのあいだにショートステイを利用して、施設での生活とはどういうものなのか、そこで本当に人生の最期を過ごせるのかなどを、考えてみるのもいいだろう。

■第三者評価を見るには

◎厚労省「介護サービス情報公表システム」
http://www.kaigokensaku.jp/

◎東京都「とうきょう福祉ナビゲーション」
http://www.fukunavi.or.jp/fukunavi/hyoka/hyokatop.htm

特養の医療

『平穏死のすすめ』（講談社）を書いた石飛幸三さんが有名になったため、特養には医師がいるから医療も安心と思っている人が少なくないが、**特養には基本的には常勤医師はいない**。石飛さんが勤務するような公営の特養でも、常勤医師がいることはとても珍しい。

特養の運営規定では配置基準の中で医師の配置が決められている。しかし、介護保険の収入では医師を常勤で雇う費用が出ないので、**パートタイムの嘱託医と契約**しているところが9割以上、というのが現状だ。

嘱託医は近隣の開業医（ひとり医師）が引き受けていることが多い。契約内容によってちがうが、ふつうは週1～2回（月3回未満が6割以上）、施設内の医務室を診療所として数時間滞在し、入居者の健康管理と内科検診程度の診察、薬の処方を行っている。

そのため、検査や嘱託医の専門外の診断が必要になったり、医師の不在時に入居者の具合が悪くなったときには、看護師の判断で外部の協力病院を受診するか救急車を呼ぶことになる。

いっぽう、歯科と眼科、精神科の医師は往診可能で、月1～2回の往診が行われている。

特養に入っても、協力病院以外の医療機関に外来で受診することは可能だが、家族からの要望で別の病院を受診したりリハビリに通う場合には、**家族の付き添いが条件になることが多い**。

さらに特養では嘱託医が医療を管理しているため、自宅や高齢者住宅のように、**訪問診療医**

が定期的に診療に訪れることはできないことになっている。外からの訪問診療が可能なのは、入居者ががんの末期の場合と看取りのときだけで、それも嘱託医の了解があり、死亡時からさかのぼって30日前からの診療に限られている。

なぜ、こんなにややこしくなっているのか、というと、特養は「介護」の場であって、「医療」の場ではない、とされているからだ。しかし、医療が発達し、**高齢者が長生きすればするほど医療ニーズは増えてくる**。「看取り」の段階になれば医療は静かに枯れていくのを見守ってくれるだけでいいが、そこに至る長い期間には、さまざまな慢性病や骨折、肺炎など、**生活を支える医療が必要**となる。

２０１２年のデータを見ても、特養の入居者の５割は脳血管性疾患を抱えているし、４割近くが高血圧症。心疾患も２割以上、骨関節性疾患も２割近くいた。そのほか糖尿病、がん、腎不全、慢性呼吸器不全などさまざまな病気を複数で抱え、多くの人は何らかの認知症の症状も持っている。こうした医療ニーズは特養でも今後ますます増えていくはずだ。

特養ではその入口で締め出されている人たちがいる。痰吸引と中心静脈栄養では８割以上、気管切開と人工透析では７割以上の特養で、まったく受け入れていない。そのほか、経鼻経管栄養、インスリン注射、モニター測定、病院への入退院を繰り返す人たちも……。

しかし、施設に入ったときには問題がなくても、高齢者では途中からこうした医療ニーズが出てくる可能性は大きい。いっぽうこれまで「医療行為」の壁に阻まれてきた胃ろうと痰吸引に関しては、施設での研修が進んできたため、受け入れる特養も少しずつ増えてきた。

在宅で可能な高齢者の医療ケアが、「終の住みか」を標榜《ひょうぼう》する特養でできないというのは大きな矛盾だ。特養を「生活の場」と呼ぶならば、嘱託医にも在宅医療ができる医師を配置し、むやみに救急搬送をしないで、最後まで入居者を支える医療との連携が最低限必要だと思う。

そうした意識をもつ嘱託医がネットワークをつくり、特養の看護師などの研修を手伝ったりするケースも出てきた。特養によっては「医療行為」に関する介護職の研修や、管理栄養士を加えた研修を熱心に行ったり、優秀な嘱託医の選定に加え、病院と提携して、食べられなくなった人の口腔機能チェックを内視鏡で行うなどしているところもある。

そのいっぽうで、精神科の医師が薬をどんどん処方したり、現役を半分引退した診療所の医師が嘱託医をつとめ、ちょっとした発熱やケガでも、すぐに病院へ送り込む特養も珍しくない。

兵庫県尼崎市で訪問診療を行う医師の長尾和宏さんと、西宮市で「つどい場さくらちゃん」を運営する丸尾多重子さんの本、『ばあちゃん、介護施設を間違えたらもっとボケるで！』（ブックマン社）ではそうした**「困った施設」の実態**が赤裸々に語られている。

自分自身で施設に入りたいというよりも、高齢者は家族の都合で施設に入れられている。早く入ってほしいと、あえて遠くの施設や、入居者の少ない施設に申し込む家族も少なくない。

何度でも繰り返すが、特養などの施設は「終の住みか」になりうる場所だ。在宅での介護がゆきづまり「今すぐ！」と切羽詰まっている人もいるだろう。しかし、一時期をやりすごすためだったら、老健、グループホーム、小規模多機能型居宅介護、サービス付き高齢者向け住宅など中間施設の選択肢はある。「どこでも入れればいい」ではなく、利用する側もさまざまな選択肢を知り、後悔しない「終の住みか」選びをする努力をしてほしい。

施設のケアに疑問を感じたら

優子さん（56歳）の母親のマサさん（87歳）は、１年前から特養に入所している。現在、認知症で要介護４だが、これまでに誤嚥性の肺炎、床ずれ、骨折で、提携病院に入通院を繰り返してきた。転倒による骨折は肩、膝と続き、10日前には転倒して仙骨にヒビが入った。救急搬送されたものの入院はせずに戻ってきたが、痛みがあるためトイレ誘導が大変だということで、おむつをつけられることになった。

しかし、優子さんが１週間ぶりに訪ねると、布団が臭く、おむつがちゃんと替えられていないらしい。本人が嫌がるからと寝巻のままで、着替えもしていない様子。しかも、かかとに床ずれができている。

この特養では20人の入居者に対し４人の介護士が食事の介助をするが、食事が自分でとれない人にはおかゆの中に刻んだおかずを混ぜ、強引に口をこじ開けて無言で食べさせている。マサさんは自分で食べるので、優子さんが訪ねたときには時間をかけて一緒に食べたりしているが、いないときにはどんなふうに食事をさせられているのかと不安になる。

これまで何度も苦情を申し入れようと思ったが、**「文句を言うとお母さんが居にくくなる」**と姉が止めるので今まで我慢してきた。しかし、思えばショートステイを利用していたときから、この特養の対応には疑問があった。

母が発熱したときに、姉がかかりつけの訪問診療医の往診ができないか、と聞くと「提携病院に家族が連れて行けないのであれば、家に連れ帰ってその先生に診てもらってください」と言われたと聞き、「それってあり？」と思ったことがあるからだ。

身元引受人になっているのが姉なので、優子さんはこれまで口を出さないようにしてきたが、今回ばかりは施設側に改善を申し入れたいと思っている。

特養関係者に聞くと、残念ながらこういう施設は珍しくないという。特養ではスタッフの人数が少ないので、とくに入居者の人数が多い従来型では流れ作業になりがちだ。

ヘルパー2級の資格を取るときに実習に行った従来型特養でも、介護職員が無言のまま食事を入居者の口に詰め込んだり、黙々と入浴介助をしていたのを見て、暗澹《あんたん》とした気分になった。

施設見学の折には、ちゃんと声掛けしてケアをしているかを見るのもポイントだ。

声掛けのないケアについてはさておき、**「骨折を繰り返す」というのは大きな問題**だ。とりわけ認知症の人は転倒を起こしやすいので、施設の責任とばかりはいえないが、常識のある施設では、施設内の安全やケアのあり方に関してさまざまな研修や取り組みがされている。優子さんの母親のマサさんが、過去に２回も転倒・骨折を繰り返していたのなら、なおさらのこと。もうひとつ、**「床ずれをつくる」病院や施設には問題がある、**と言われている。おむつ交換がきちんとされていなかったり、本人が嫌がるからと着替えをさせていないのも、施設としてはあってはならないことだ。

優子さんが施設に改善を要望する際には、いくつかのポイントがある。まず、身元引受人である姉と一緒に特養を訪ね、施設の責任者（施設長、管理者など）に施設内の担当ケアマネジャーを交えて話をする。その際、３回の骨折に関する状況確認をし、事故発生前後の介護日報や記録物の提示を求め、事故は市区町村に報告したのか、改善策はどう取られたのかなどを聞くといい。事故当時の介護者から実際に話を聞ければなおいいだろう。

床ずれや更衣、おむつ交換についても、状況を聞き出し、今まで不審に思ったことに対して納得のいく回答をもらうようにする。この際に**気をつけたいのは冷静に話す**こと。感情的になるとモンスター・ファミリー扱いされかねないので、あれもこれもと一度にぶつけず、要点をあらかじめ絞っておきたい。

いっぽう、優子さんと姉ができることは、**面会の回数をできるだけ増やす**ことだ。これもあってはならないことだが、施設では入居者が重度であればあるほど、「本人にはわからないからいいや」という感情を介護職員が抱くことがある。しかし、家族の目があると、こういう感情は湧きにくい。

施設側もいろんな言い訳をしてくるだろうが、今は「入れてもらっただけ幸せ」と家族が恩にきる時代ではない。優子さんと姉は母の介護に関する報酬を施設に支払っているので、根拠のある要望はきちんと伝えることが必要だ。このまま放っておくと、母のマサさんは寝たきりになりかねない。

要望後、すべてが改善されるとは限らないが、**家族が要望することで施設も変わっていく**。もしも、それが原因で退去を迫られたり、マサさんへの対応が悪くなったら市区町村に苦情を申し立て、別の施設に移ることも考えたほうがいいかもしれない。

ちなみに、特養にショートステイ中の医療に関しては、基本的には嘱託医の管理下にあるため、外部の医師が定期的に訪問診療することはできないが、嘱託医が了解すれば、かかりつけの訪問診療医が臨時に往診することは可能だ。

ショートステイ中に緊急事態が起こり、どうしてもかかりつけの訪問診療医に診てもらいたい、というときには、家族から特養に依頼し、特養から嘱託医に相談してもらう、という経緯を取ったほうがうまくいくことが多い。こうした流れを特養のスタッフが知らないことも多いので、きちんと説明をすることが必要だ。

特養での看取り

日本看護協会が２０１２年に、特養、老健、認知症グループホームに勤務する看護職員を対象に実施した調査（「高齢者ケア施設で働く看護職員の実態調査」）は、施設での医療の実態がわかって非常に興味深い。

看護職員の勤務する施設で「看取りをする」ところは７割弱。特養でも約７割が看取りをしているが、「看取りをしない」ところも１割以上あった。また、特養で「施設での看取りの基本方針がある」ところは６割以上あるが、「看取り期の判断基準」があるのは４割、「医療機関搬送の判断基準」があるのは４割にとどまった。さらに、特養には看護職員が配置されているが、夜に関しては８割近くが「いない」と答えていた。しかし、その９割以上は「オンコールに対応する（電話では連絡がつく）」と答えている。

介護施設が看取りに関して積極的になってきたのは、２００６年から特養に、２００９年から老健とグループホームの介護報酬に**「看取り加算」（ターミナル加算）**がついてから。これは特定の要件を満たして施設内で看取りをすると、加算報酬がつくという制度だ。

しかし、看護協会での調査では「看取りをする」特養が７割とされているが、実際に制度に則《のっと》った看取りをして「看取り加算」を請求している件数は、死亡による退所件数の１割程度だという話を複数の特養関係者から聞いた。特養での死亡による退所には「具合が悪くなって病院に救急搬送をしたら亡くなった」や、「いつのまにか亡くなった」のほうが多く、きちんと計画を立てて「看取り」をやることが、まだまだ少ないからだろう。

「看取り援助」で知られる足立区の特養「ハピネスあだち」の元施設長、小川利久さんによると、きちんとした看取りのポイントは、①施設長が入った定期的な会議を開催し、計画を立てる、②家族に説明し同意を得てから行う、③医師だけではなく介護、機能、看護、栄養などが連携して行う、の3点だという。

さらに小川さんはその条件として、①介護職員の高いスキル（医療知識と介護知識）と、しっかりした死生観、②家族の側の死の受容、③家族と職員の十分なコミュニケーション、④医師の協力を挙げた。

同特養では入居時に家族（できれば本人にも）に終末期の「意向」を確認する。内容は回復の見込みがないと診断されたら、「病院でできる限りの救命・延命治療を希望する」か「施設での看取り援助のもと、最小限の治療で自然な形で迎える最期を希望する」か、といったことだ。当初は緊急事態になるたびに救急搬送していたこともあったが、試行錯誤の末、定員150人の施設で、年間約30人を看取るようになった。小川さんは**「看取りには家族の理解が不可欠」**として「看取り援助勉強会」を開き、高齢期のからだの状態の変化を家族が学んだり、家族を看取った人の体験談を聞いたりする機会をつくってきた。葬儀のことも知ってほしいと、地域に根ざす葬儀社を呼んだこともある。

また、「家族懇談会」を開いて家族同士の交流の場をつくり、入居者が亡くなったときには、ほかの家族も「お別れ会」に参加できるようにした。居室での「お別れ会」に参加して手を合わせ、施設の玄関から運び出されていくのを見送った家族が、「看取りとはこういうことだ」と知ることも多いという。

同特養では、嘱託医が看取りに対応する。だが、夜の8時以降、看取りに携わるのは7人の看護師だ。医師のいない特養では、看護師が多職種連携の中心にいる必要があるが、看護師は医師に代わって判断するという訓練を受けていない。そのため、看取りを望む入居者の家族に「病院には連れて行かない」ということを納得させることが大切なのに、何かあったら病院へとなる。「その意識を変えることが最初のハードルだった」と小川さんは言う。

『点滴はもういらない』（ヒポ・サイエンス出版）では、この小川さんとサービス付き高齢者向け住宅で看取りに取り組む下河原さん（123ページ参照）、そして、訪問診療医の佐々木淳さんが、それぞれの立場での「看取り」について書いている。

特養では、入居時に「看取りの同意書」を求められることが多い。そのときに「看取り介護の指針」があるかどうかを聞き、具体的にどんなことをするのかを確かめ、そこをきちんと説明してくれるかどうかを判断の基準とするといい。

看取り介護の指針や、看取り介護マニュアル、看取り介護同意書などを、インターネットで掲載している特養のサイトを次に掲載した。これを参考に特養での看取りを少しイメージしてみることをおすすめする。

■特養での看取り介護はどう行うのか

◎世田谷区立特別養護老人ホーム芦花ホーム看取り介護指針
http://www.setagayaj.or.jp/rp/upload_data/ 世田谷区立特別養護老人ホーム芦花ホーム看取り介護指針.pdf

◎緑風園「看取り介護について」(指針、同意書など)
http://www.ryokufuu.com/info/mitori.html

老健について知る

「老健」とはどういう施設か

特養と介護老人保健施設(以下、老健と表記)の違いは、特養が「生活の場」ならば、老健は「リハビリをしながら在宅復帰をする場」。どちらも介護保険を利用できる施設だが、内容も雰囲気もかなり違っている。

簡単に言うと特養は「終の住みか」になりうる施設だが、全国で約4000施設、約35万8000の居室をもつ老健は**「病院と自宅の中間施設」**とされている。病院での積極的な治療は必要なくなったものの、在宅での生活はまだ難しい高齢者を受け入れ、３か月程度の入居期間をメドに、在宅復帰に向けた身体機能や生活機能のリハビリテーションを行う施設、というのが老健の位置づけだ。

しかし、当初は脳卒中や骨折などで入院後、状態が安定した人を短期集中のリハビリをして家に戻す場だった老健の入所者も、高齢化とともに特養とそう変わらないほど重度化した。要介護度の高い人を自宅に戻すのは難しい。それに加えて、ひとり暮らしや老々介護の利用者が年々増えている。在宅復帰できる人はますます限られ、入所基準が要介護１以上の老健は、特養の入所待ち施設状態になっている。

いっぽう、新しいタイプの老健もつくられてきた。まず２００８年に**「介護療養型老人保健施設（新型老健）」**が登場した。これは医療費削減の流れの中で、高齢者の〝社会的入院の温床〟とされていた「介護療養病棟」を段階的に全廃するための受け皿としてつくられたもので、痰吸引や経管栄養をはじめ、従来の老健よりも医療ニーズの高い人を対象としている。しかし、この「新型老健」に転換する老健が少ないため、いったんは国が決めた「介護療養病棟」の廃止も先送りを続けているのが現状だ。

次に登場したのが**「在宅強化型老健施設」**（１８１ページ参照）。２０１２年の介護報酬改定では、リハビリを強化し在宅復帰率の高めた老健に、高い介護報酬を算定できるシステムが取り入れられた。２０１４年にはそうした老健が「在宅強化型老健」とされ、介護報酬がさらに高く評価された。しかし、強化型に移行するためには、直近6か月の在宅復帰率が50％以上、ベッド回転率10％以上、直近3か月の要介護4・5の割合が35％以上などの高いハードルをクリアしなければならない。このため、全国老人保健施設協会の調査で2014年9月時点で移行したのは、全体の5％弱程度となっている。

特養を運営するのはほとんどが社会福祉法人だが、老健の運営主体の7割以上は医療法人で、残りが社会福祉法人、地方公共団体などとなっている。運営が医療法人主体でリハビリ室などもあるため、**老健は特養よりも「病院っぽい」**雰囲気だ。老健でも以前は多床室がほとんどだったが、次第に個室が多くなり、現在では多床室と個室の数はほぼ半々。個室ユニット型も約1割に増えた。

老健では施設長は医師と決められている。しかし、医師は100人の入居者に1人以上の配置とされているので、実際には医師は施設長1人というところが大半だ。医師の勤務時間も週32時間以上と決められているだけとあって、限りなく最低ラインの勤務時間の医師も少なくない。看護師の配置は、介護職員・看護職員総数の7分の2程度とされ、特養と比べると、かなり手厚くなっているが、看護師の夜間常駐は義務づけられていないので、「医療がある」とはいうものの、**できる医療的ケアは限定的**となっている。

特養では医療の管理は嘱託医がするが、提携・協力病院で診察・治療を受けることができるし、家族が付き添えば提携・協力医療機関以外にかかることもできる。しかし、**老健では医療**

処置と投薬は原則として施設内での対応。つまり、外の医療機関にはかかれない。

これはなぜかというと、老健の入所者は介護保険で医療を利用しているからだ。しかし、介護保険と医療保険は併用できないため、医療保険での診療については老健が全額負担することになる。老健が入所者の病院受診を嫌がるのはこのためで、入院すると即日、退所扱いになってしまう。

また、外泊中に他の医療機関にかかると全額自費になることがあるし、他の診療科を受診する場合にも老健の医師からの依頼が必要となる。老健の医療費は「マルメ」と呼ばれる包括型だが、薬も介護保険での対象以外の処方は受け付けてもらえない、といった不便さもある。

このため、老健でも一般的な治療が施設内でもできるようにし、医療体制（医師、看護師、検査設備等）の充実を図るとともに、提供する医療の範囲も検討する必要がある、とされているが、今のところは「課題」にとどまっているようだ。

老健では常駐医師のほか、理学療法士などのリハビリ専門職が必ずいるのも、特養と違うところ。理学療法士や作業療法士、言語聴覚士など機能訓練指導員の配置も義務づけられていて、ほぼ毎日、機能訓練を行っている。

ただ、施設によって機能訓練にはかなりの格差がある。痛みがある部分をマッサージしたり、関節がスムーズに動かせるよう理学療法士が手足を動かしたりする程度の施設もあれば、歩行訓練を行って定期的に評価し、歩く姿勢を改善しながら段階的に歩ける距離を伸ばしていく指導を行うなど、「本来的な老健のリハビリ」を行っている施設もあるので、どのようなリハビリを行っているのかを、事前に確認することが大切だ。

老健の3つのタイプ

老健には特養と同じように**「入所」「通所」「ショートステイ」**の3つの基本サービスがある。介護保険制度が始まってからは、入所（長期滞在）は「施設サービス」、通所（リハビリをするデイケア）とショートステイ（短期滞在）は「居宅サービス」とふたつに分けられたが、老健ではこれらはふつう、ひとつの建物の中に併設されている。

しかし、特養の居住者が併設のデイサービスを使えないのと同じように、老健の利用者が通所リハビリ（デイケア　69ページ参照）を利用することはできない。在宅高齢者への訪問リハビリを行っている老健もあるが、老健のデイケアの利用者が全国で約40万5０００人いるのに対して、訪問リハビリの利用者は7万人以上と少ない。

老健の本来の目的はリハビリだが、実際には特養に入るはずの高齢者が数多く入っているのが現状だ。利用者の平均年齢は特養とだいたい同じで80歳以上が8割。うち90歳以上も3割以上いるとあって、「80歳、90歳の人がリハビリをして自宅に戻れるのか」と、「在宅復帰」の現実性を疑問視する声が老健関係者の中にもある。

こうした状況を反映して最近の老健は、①集中的にリハビリを行って在宅復帰を目指す**「強化型」**、②看取りまで視野に入れ、医療ニーズの高い人を受け入れる**「療養型」**、③どちらでもない**「従来型」**の３つのタイプに分かれてきた。

①の「強化型」は老健の本来の形。たとえば、脳卒中を起こした比較的年齢の若い人が、回復期、慢性期の病院を経て自宅に戻るときに、リハビリをもう少し続けるための中間施設となる。家族が「条件がそろえば自宅で過ごさせてあげたい」と願い、リハビリを含めた医療と介護のフォローがあるのなら、比較的若い年代の高齢者にはこうした老健を利用する価値は十分にあるだろう。

しかし、このタイプでは退所目標を６か月に設定し、３か月を目安にしたリハビリの評価が行われる。強化型老健は利用者の５割を６か月以内に「在宅復帰」させないと介護報酬の算定ができないので、規定期間内に「在宅」に戻し、老健に併設されたショートステイや通所リハビリを利用して、また一定期間たってから施設に戻すといったリピート方式を、強化型に移行した老健の多くは行っているようだ。

②の「療養型」は、介護療養型医療施設の将来的廃止に向けた、長期利用が可能な転換施設だ。痰吸引や経管栄養など、これまで老健では受け入れがむずかしいとされてきた医療ニーズのある人が、最期まで穏やかに過ごすことができる場所ということであれば、これもまた、ひとつの選択肢となる。

しかし、老健でもっとも多いのは③の「従来型」タイプ。老健での入所期間は、これまでも原則3か月と規定されていたが、期間内に在宅復帰ができないと判断された場合には期間の更新が行われる。それがどんどん延びて今では1～2年いる人も珍しくない。

2013年に厚労省が全国の老健を対象に行った調査では、自宅に戻れる見込みのある人は2割弱で、老健入所者の5割以上が「退所の見込みがない」人だった。この調査では在宅復帰に向けた取り組みを老健に聞いているが、3割以上の施設が「熱心とはいえない」と回答。その理由として、「在宅サービスが不十分」「重度の人が多くむずかしい」「入所してくるのは困難ケースがほとんど」といった声があがっている。

老健では、ふつう入所時に退所時期を決める。とはいえ、実際には守れないので、入所者は特養の了解のもとでいったん退所し、何泊かショートステイをしたらまた老健に戻るという方法を取ることも多い。よくあるのが数か月ごとに、施設と自宅を行ったりきたりする方法だ。自宅にいる間は、デイサービスやデイケアと訪問ヘルパーでつなぎ、一定期間が過ぎたらまた老健に戻る。もうひとつは複数の老健と介護療養病棟と連携し、退所の時期が来たら次の施設へ転所してぐるぐる回るという方法だ。

施設を転々とするリロケーションは高齢者本人のためにはよくないが、老健は特養のようにずっと暮らすことはできないので、こうした方法が「お家芸」のようになっている。

また、老健では2006年から軽度の認知症の人を対象とした**「認知症短期集中リハビリテー**

ション」もスタートし、２００９年からは中等度・重度の認知症の人にも対象範囲を拡大しサービスを提供している。老健を選ぶときには、こうしたタイプの違いも知っておかないと「こんなはずではなかった」となるので注意したい。

老健の月額費用は、介護サービス費＋居住費＋食費＋その他の費用だ。多床室の居住費は月額１万円程度だが個室代と食費は施設によって異なり、介護度による介護サービス費も特養よりも３０００～５０００円割高で、しかも施設によって金額がまちまちとなっている。目安で見ると、多床室で８万～12万円程度、ユニット型個室で13万～20万円といったところ。

また、特養にかかる費用では、施設による差はそれほどないが、老健では施設ごとに個室代が大きく異なる。さらに施設の設備、職員体制、看護師や理学療法士などによるサービスをはじめ、施設で対応する処置やサービスによってさまざまな加算が発生する。特養では料金に含まれている紙オムツや洗濯などは別途費用となることもあるので、**特養よりも高い**と理解しておこう。

◎（公社）全国老人保健施設協会　介護老人保健施設紹介サイト
全国の「在宅強化型老健施設」をはじめ、訪問リハビリや短時間通所リハビリ、さらに「認知症短期集中リハビリテーション提供可能施設」などを検索することができる。
http://www.roken.or.jp/intro/tokushu.php

療養型施設について知る

療養病床には2種類ある

正巳さん（52歳）の母の千恵さん（84歳）は現在、特養で暮らしている。パーキンソン病で要介護4、車椅子の生活だ。認知症の症状も少し進んできた。最近、誤嚥性肺炎で入退院を繰り返すようになったため、特養から「療養型施設」に移ったほうがいいと勧められている。

療養型施設というのは、正巳さんにとって初めて聞く言葉。ネットで調べてもよくわからないし、いろんな人に聞いてみてもどんなところなのかよくわからない。特養のケアマネジャーや病院のソーシャルワーカーに聞いて、ようやくわかったのが、療養型施設は正式には「療養病床」といって医療療養病床（病棟）と介護療養病床（病棟）の2種類があり、どちらも病院に併設されているということだ。

医療療養病床では健康保険を使い、介護療養病床では介護保険を使う。医療療養病床では肺炎の治療などの医療行為を行うが、治ったら退院しなくてはならない。介護療養病床では肺炎の治療などの医療行為は行わないが、長期の入院も可能だという違いがある。

肺炎で入退院を繰り返す千恵さんには、医療も長期の入院もどちらも必要だ。同じ病院で介護療養病床に入院し、肺炎を起こしたら医療療養病床または一般病床に移る。そして治ったら介護療養病床に戻る、ということができればいちばんいいが、そんなことができるのだろうか。

しかも介護療養病床の療養病床は2017年末の廃止が予定されているという。千恵さんがそれまで生きているかどうかわからないけれど、その後のことも、問い合わせをする施設によって答えが違っていて、そのときになってみないとわからないようだ。

病院のソーシャルワーカーに聞くと、最近は医療ニーズの高い人向けの医療法人によるサービス付き高齢者向け住宅もあるそうだ。しかし、料金を聞いてみると千恵さんは年金が少ないし、正巳さんにもお金の余裕がないので入れそうもない。今、願っているのは、退院して特養に戻った母が再び肺炎を起こさないでくれることだけだが、再発したらどうしたらいいのだろう……。

ホントに廃止？　介護療養病床

正巳さんからそんな相談を受けたので、一般病棟に加え介護と医療の療養病棟をもつ病院のケースワーカーに聞いてみた。介護療養病棟に入院した場合、「同じ病院内で一般病床と療養病床を行ったり来たりできるのか」という正巳さんの疑問に対しては、表立っては言えないが……との前置き付きで、「ほかはわかりませんが、ウチは場合によってはＯＫです」とのことだった。

しかし、介護療養病棟では積極的な治療ができないので、誤嚥性肺炎を繰り返す可能性が高く、点滴などで対応することが続くのであれば、千恵さんのようなケースは医療療養病床に入るか、胃ろうにして介護療養病床というのが、現状の選択肢だという。

ケースワーカーによると、**介護療養病床に入るのにいちばんネックになるのが介護にかかる時間。**飲み込みに気をつけながら時間をかけて食事の介助をすると、少なくともその時間は、ほぼマンツーマンで職員が必要になるので、**「食事全介助の人は無理」**とされる。介護療養病床は常に満杯で、介護職員の数が足りないのがその理由だ。

しかし、ケースワーカーの勧める病院では、今年から口腔リハビリテーション目的の嚥下評価が始まり、提携する口腔リハビリテーション診療所から歯科医と歯科衛生士が、同病院の介護療養病床にもやってくるようになった。

交代した新院長が嚥下機能評価に対する必要性を感じているのが大きな理由だが、根っこにあるのは診療報酬の改定だ。２０１４年の診療報酬改定で胃ろう造設の点数がかなり下がり、その代わりきちんとした嚥下機能評価への加算が増えることになった。

胃ろうの造設は、食事時間の短縮にはつながっても、誤嚥性肺炎を防ぐことにはつながらない。「最期まで食べられる口」をつくるための口腔リハビリテーションは、在宅医療の分野では少しずつ広がっている。こうした動きが施設や療養病床群にも波及していけばいいのだが時間がかかる。

それに加えて、正巳さんが心配するように、介護療養病床の削減～廃止の検討が2006年からずっと続いている。

その背景にあるのは、**介護療養病床を廃止したら、行きどころのない高齢者が出ることが目に見えている**、という現実だ。2014年の診療報酬改定以来、病床の再編成と削減がより明確化され、急性期病院をはじめあらゆる病床で、一定の在宅復帰率を満たした場合は加算をつけて「在宅復帰」をいっそう強調している。

しかし、在宅復帰をどんなに進めても自宅に戻れない人たちがいる。医療ニーズのある高齢者の受け皿はつくらなければならない。そこで厚労省は2014年7月から6回にわたって「療養病床の在り方等に関する検討会」を開き、廃止が決まっている介護療養病床と、医療病床の一部を合わせた14・3万床に転換を求める案をまとめた。転換先としては既存の医療療養や老健に有料老人ホーム、サービス付き高齢者住宅なども加え、①医療内包型　②医療外付け型という2種類の新しい施設のモデルを提示し、議論をまとめて医療保険と介護保険のどちらに適用するかを決めていくことになっているが、先行きは不透明だ。

相談を受けた正巳さんには、千恵さんに誤嚥性肺炎以外の差し迫った問題がないのなら、千恵さんが**どこで最期を迎えたいのかを本人に確かめ**、それを実現するにはどうしたらいいのか、特養の相談員とじっくり相談することを、勧めることにした。

看取りまで行う療養病床

療養型施設（療養病床）は、病状は安定しているが長期療養が必要な人に、医療と看護を提供するのが目的の施設だ。施設は実際には病院なので「入居」や「入所」ではなく「入院」とされている。急性期病床から退院した医療ニーズの高い人に加えて、医療ニーズが高くなって特養や老健を追い出された人や、転院を重ねる重度の人の最期の居場所となることが多く、かつては「老人病院」と呼ばれ、10年以上暮らす人もいた。

一般には病院に療養病床や病棟が併設されたタイプが多いが、19床以下の有床診療所の一部や全体が療養病床になっているところもあり、精神科の病院などに併設されている「認知症疾患療養病棟」も、療養病床の指定を受けている。

療養病床には医療保険が適用される病床（医療療養病床＝20・8万床）と介護保険が適用される病床（介護療養病床＝6・3万床）があり、介護療養病床に入院できるのは要介護認定を受け、要介護1以上とされた人に限られる。医療療養病床と介護療養病床を併設している医療機関では、患者の症状や医療の必要性、からだの機能などをもとに、**医師が「入所判定会議」などを通じて病床を決めるのがふつう**だ。

介護療養病床への入院者の介護度はほかの介護施設よりも重く、痰の吸引、胃ろう、経管栄養を行っている割合が高い。人工呼吸器や中心静脈栄養など、より医療ニーズを必要とする人には脳血管性疾患による重い障害を持った人、意識障害、経管栄養などの人が多い医療療養病床を勧められることが多い。

医療ニーズの少ない認知症の人の受け入れは、むしろ特養や老健など介護施設が中心になっているが、妄想、徘徊、暴言など「周辺症状」が強い人を受け入れるのが**「老人性認知症疾患療養病棟」**だ。ここでは精神科病院に準じた入院手続きが必要となり、医療保険の対応となる。入院期間はおおむね3か月とされ、症状が改善されると介護施設や自宅へと退院することになっている。

入院期間は一般的に医療療養病床よりも介護療養病床のほうが長く、中には終身での受け入れもあるなど、病院によってさまざまだ。185ページで取り上げたように、さまざまな病床をもつ病院では、症状の変化に対応して院内で病床の移動ができることが少なくない。

生活空間は**医療病床も介護病床もほとんどが4人以下の多床室**で、ひとり当たりのスペースは6・4㎡（4畳弱）以上とされている。病室なので部屋には自分の家具は持ち込めず、トイレ、食堂、リビング、浴室は共用で、そのほか機能訓練室と健康管理・相談室がある。

人員配置は医療病床・介護病床とも医師が患者100人に対して3人と、介護施設に比べて3倍の基準があるが、一般病床の医師は100人に対して6・25人とあって医療の充実度には欠ける。看護職員と介護職員の数は18～20人ずつ（介護病床18人ずつ、医療病床20人ずつ）、理学療法士、作業療法士は適当数。ちなみに従来型老健では100人の入所者に対して看護職員10人、介護職員24人だ。こんなふうに数字を出してみると、だいたいの雰囲気がつかめるかもしれない。介護療養病床には100人に対して1人のケアマネジャーもいる。

費用面を見ると、医療療養病床では医療に実際かかる費用が医療保険の自己負担分（1〜3割）によって決まるため一概には語れない。介護療養病床の費用は要介護度別の「介護施設サービス料」＋食費＋居住費＋生活実費などで、月額15万〜20万円が目安。**医療が入るので特養や老健よりは割高になる**。居住費（病室代）は施設によってちがい、多床室で月1万円程度。個室となると3万円程度から6万円以上まで大きな差がある。

療養病床は「長期療養の人に適切なケアを」というのが本来の目的だが、一般病床では手に余る重度の患者を集め、人工呼吸器管理、人工栄養管理、麻薬管理、輸血など、療養病床では通常やらない治療を行いながら、「在宅も施設も無理」な患者の最終施設化を進める医療法人もある。「個室しかない」と言って、高い差額ベッド代を要求する利益追求型の療養病床も目に付くようになった。

実際に見学してみないとわからないことが多いので、そのために情報を集めるところからスタートしよう。入院中の人は病院の「医療相談室」などのケースワーカー、在宅で介護を受けている人はケアマネジャーや地域包括支援センター、市区町村の地域医療担当課、かかりつけ医に聞くといい。「介護サービス情報公表システム」（165ページ参照）などの検索サイトでも調べられる。

■医療療養病床や介護療養病床を探すには
◎療養型病床群併設施設—全国の療養病床が検索できるサイト　ｈｅａｌｔｈクリックの病院検索サイト：http://www.health.ne.jp/hospital/hospitals/keyword/type:a/cd:7

認知症グループホームについて知る

グループホームに入った丸子さん

私が医療や介護について書くきっかけになった友人の丸子さん（79歳）は、２０１３年のはじめから認知症グループホーム（以下、グループホームと表記）で暮らしている。

認知症の発症から10年以上たったいまでも、彼女の介護度は「要介護３」と、驚くほど進行が緩やかだ。「彼女らしい生活を」と温かなケアをしてくれたケアマネさんやヘルパーさんたち、そのときどきの彼女の体調を見ながら連携してくれた在宅医と認知症かかりつけ医の、ケアのちからのたまものだと感謝している。

丸子さんは認知症専門医への通院と、在宅医療の２本立て体制を整えてからの２年間は、とても穏やかな日々を過ごしていたが、次第に骨折が増えてきた。骨がもろくなってきたので、ちょっとぶつけると骨にヒビが入ったり折れたりする。

下駄をつっかけそこね、足の小指を折ったときには、足にギプスをはめられて自宅に戻ってきた。丸子さんは2階で寝ているので、夜中にトイレに降りてきて階段を転げ落ちたら、ギプスどころの話ではない。下の簡易ベッドで寝るように何度も説得し、2階への階段にはバリケード状にテープを張って張り紙をしたが、朝になると2階で寝ていた。

そこでケアマネジャーと相談し、ちょうどベッドの空きがあった整形外科病院に見守りのために入院してもらったが、夜、車椅子で動き回るということで3日目に退院を迫られ、有料老人ホームで2週間のショートステイをしてもらうことにした。

するとびっくりしたことに、以前は嫌がっていた施設への抵抗がない。認知症がそれなりに進んで、自宅へのこだわりもなくなってきたらしい。

夜が寂しいと訴えるようにもなってきたので、「人のいるところのほうがいい?」と聞くと、「それもいいわね」とあっさり言う。現金が底をついてきて、自宅売却を考える時期でもあったので、以前から考えていたグループホームへの入居を決めた。

グループホームというのは、認知症の人が小規模な生活の場で少人数(5人~9人)単位で共同住居に住む施設。**少人数の中で「なじみの関係」をつくり上げ**、掃除、洗濯、調理などをスタッフと一緒にすることで潜在的な能力を引き出し、家庭的で落ち着いた雰囲気の中で生活を送ることで認知症状の進行を穏やかにする、と考えられている。

なぜ有料老人ホームでも特養でもなく、グループホームを選んだかというと、内容はピンキリだとしても、グループホームには「少人数の中でなじみの関係をつくる」などをはじめとする、個別ケアをもとにした認知症ケアの基本理念があるからだ。

特養も有料老人ホームもずいぶん見学した。しかし、特養は重度の人が多くて、自立度の高い丸子さんにはかわいそうだったし、有料老人ホームは丸子さんの予算では、納得できる認知症ケアをしているところが見つからなかった。

もうひとつの理由は、**グループホームは地域密着型**で、住み慣れた区内・市内にあるからだ。高齢者の「住まい」のあり方を考えるうちに、**住み替えをする場合は本人のなじみのあるところがいい**、と思うようになっていたので、丸子さんの土地鑑のある地域で、彼女の木造の自宅と似た雰囲気で庭があり、看取りもするという、ケアのよさそうなホームを探した。区内のホームのほとんどを取材も兼ねて見学し、いくつかに申し込んでいたところ、2番目の候補にしていたホームに空きが出たので、ともあれトライしてみよう、ということになった。

グループホームの目的のひとつは、本人ができることをうながし、元々もっているちからを引き出して、生活のリズムをつけて状態を改善させることだ。丸子さんは家にいたときは一日中パジャマ姿。朝もヘルパーが来るまで寝ていて、起こすのが一苦労だった。ところがホームに入ったら毎日ちゃんと着替えをするようになった。入所の翌日には1日6回着替えをしたそうで、「人の目による刺激」の効用をあらためて知った。

おまけに食事どきには率先して配膳を手伝い、自分より状態の悪い人の面倒も見る、という変わりよう。笑顔も増えてきたのを見ながら、私はおおいに反省した。自宅では彼女に「自分が役立つ」ことを伝える手助けを怠っていた。時間がないのを理由に先回りしてやってしまい、「お客さん扱い」をしていたのだ。

そして丸子さんは、とてもよく笑うようになった。**「よく笑う」というのは施設のケアのよさのバロメーター**だ。いいケアをしている施設では、利用者の笑顔が多いし、スタッフの顔も明るい。施設選びをするときの参考にしてほしい。

認知症グループホームとは？

認知症の人の数は460万人、その予備軍が400万人。高齢者の4人に1人が認知症とかかわる時代になった。いっぽう認知症対応施設のグループホームの数は、全国で約1万2000施設、居室数は約18万5000室と、認知症の人のわずか3%が利用しているだけだ。

認知症グループホームは1ユニットが5人~9人のユニット型個室で、ひとつの施設に1~3ユニットが入っている。グループホームの利用者が少ないのは、自治体に新設規制があり、存在自体がまだよく知られていないことに加えて、規模が小さいのが持ち味のため、評判のいいホームは待機者が多くなかなか入れないのが現状だからだ。

グループホームは、集合住宅やふつうの住宅を改造したところが多く、部屋は個室だがトイレと浴室は共用、リビング&ダイニングとキッチンはたいてい一体で、そこでさまざまなアクティビティも行っている。利用者の対象は、若年性認知症を含めた要介護１以上の人が基本で、歩行ができること、暴言・暴力など著しい周辺行動がないこと、長期的な医療を必要としないことなどが一般的な条件だ。

多くのホームでは常駐の看護師がいないため、痰吸引や経管栄養、胃ろう、人工透析などが必要な人は受け入れないことが多い。しかし、介護三施設とはちがい、**グループホームには自宅と同じように訪問診療が入ることができる**ので、尿管カテーテル、在宅酸素、人工肛門の人に関しては３割以上のホームが受け入れている。

退去の理由になるのは、長期の医療や入院などが必要になったときと、著しい精神障害や周辺行動が出た場合だが、判断はそれぞれのホームにまかされている。

前出のように「在宅」とされているグループホームでは、提携した訪問診療医が定期診療や往診を行っている。さらに１１２ページでも触れたように、**「在宅」の医療はフリーアクセスが基本**なので、納得した訪問診療医に個別に来てもらうこともできる。

丸子さんが暮らす企業系のグループホームでは、以前は本社が提携した訪問診療専門の医療法人からの医師が訪問診療を行っていた。しかし、この医療法人は区外の遠いところからやってきていたので、「看取り」などを視野に入れると緊急性に欠ける。区内にはいい訪問診療医がいるし、医療はフリーアクセスであるべきだ、ということを、2か月に1回開催することが定められている「運営推進会議」で発言したら、ほかの家族からも同様の意見が出た。

ホーム側と何回か話し合う中で、提携医師は区内近郊の訪問診療医に交代し、それに加えて区内の精神科医に個別の訪問診療を依頼する家族も出てきた。「看取り」に関しても、見学したときには施設長が胸を張って「します」と言っていたのに、入居したら、新しい施設長は小声で「まだできる状態にありません」と言う。しかし、これも話し合いの中で家族からの強い要望が出て、「実現する方向で進める」という回答を得た。

そんなふうに、たとえ施設に入っても、**家族が要請をしていけば施設も変わってくる**。グループホームの運営母体は社会福祉法人、ＮＰＯ、生協、企業系と多彩だが、認知症専門施設としてケアの理念をいちおう持っていることに加え、入居者の人数も少ないとあって、ある意味で小回りがきき、家族の意向も伝えやすい。

グループホームの居室の広さは7・43㎡（4畳半）以上で、家具は自由に持ち込める。生活の中心になるのはキッチンに続く食堂と居間で、入居者がキッチンに入って料理をスタッフと一緒にしたりするのが、ほかの施設にはない特徴だ。トイレや洗面は室内にないことが多く、浴室は共同となっている。

月額費用は、介護サービス費（要介護度別）の１割＋家賃＋食費＋水道光熱費＋日常生活費などで10万～25万円。施設によっては入居一時金や敷金などが必要なところもあり、東京都の調査では保証金が10万～１００万円、敷金が６万～30万円となっている。保証金は退去時に返還する場合も少なくない。要介護３の丸子さんの場合は毎月20万～21万円程度支払っている。

当初、グループホームは軽度の認知症高齢者が過ごす場所とされていた。しかし、国の方針で重度化した人も受け入れることになり、さらに当初は軽度で入った入居者も積年のうちに要介護度が上がったことで、重度化の一途をたどっている。

多くのグループホームの管理者の悩みは、居住者が重度化したことによって、ホームのもともとの持ち味だった一人ひとりに合わせた「見守り」と「介助」や、家事などによる能力の引き出しができなくなり、入浴や排泄、食事のケアを含む「身体ケア」への逆戻り現象が起こってきたことだ。

利用者の「重度化」とともに、ホームでの「看取り」も避けられない現実となってきた。グループホームでの「看取り」は３割程度と介護施設中もっとも少ないが、看取りを希望する家族は多い。看取りの課題を考えながらグループホームを見学・取材する中で感じたのは、看取りや死について、経験のない若いスタッフにベテランがどう伝えるのかが良い看取りができるか否かの分かれ目になっている、ということだった。

さまざまな問題や課題はあるにしても、認知症の人とその家族にとって、認知症グループホームは大きな選択肢のひとつであることは変わりない。

グループホームは市区町村の管轄なので、もよりの行政の介護保険担当窓口、地域包括支援センター、ケアマネジャーから情報を得ることができる。インターネットで「ワムネット」を検索すると「福祉サービス第三者評価情報」がある。そうした施設の外部評価も手がかりにするといい。

第４章

ともに暮らす

「共生」という言葉が語られて久しい。免疫学者の藤田紘一郎さんは『共生の意味論』（講談社）の中で「ヒトは自分一人では生きていけない。地球上の生物はすべてそうなのだ。生物は相互に影響し合いながら生きている」と書いているが、そんな当たり前のことが腑に落ちるようになってくるのが、老年期かもしれない。

私のような団塊の世代は、戦後の近代化の過程で核家族化が進み、「別居が基本」となった日本の住まいのあり方を体現してきた世代だ。住まいは文化住宅や貸家・アパートから、マンションや一戸建てへと変わり、今では高齢期を過ごすために「自宅か高齢者住宅か」をふと、考えるようになっている。親の介護で高齢者住宅や施設を実際に体験している人も少なくない。

そんな中で、自分たちの高齢化を視野に入れ、人と人をつなぎ「ともに生き、ともに暮らす」ことを高齢期の「住まい」のあり方として考え、自分たちの手でコミュニティヘルスのあるまちづくりをしようとする人たちが、各地で動き出した。

この本をお読みの方の中には２０１１年の東日本大震災で、仮設住宅での生活や移住を余儀なくされた高齢者の姿を報道などで目にし、自分たちの高齢期の「住まい方」をあらためて考えさせられた人もいるだろう。私もそのひとりだ。

「とも暮らし」を提唱する国際医療福祉大学大学院教授の高橋紘士さんは「〝とも〟という言葉には〝共〟〝友〟〝伴〟という字を当てることができる」と言う。この章では、そうした「ともに生き、ともに暮らす」ことを、それぞれの地域でつくりあげている人たちを通して、住まい方の可能性を広げてみたい。

高齢者が元気になる「まちの居場所」づくり

街中サロンなじみ庵

こういう「居場所」があったら、高齢者がもっと安心して楽しく自宅生活を続けられるのに……、という「つどい場」が各地で少しずつ広がっている。サロンのようであって従来のサロンではなく、デイサービスのようであってデイサービスではない。高齢者だけではなく、近所の主婦も子どもも、認知症の人も介護家族も、元気な人も要介護認定を受けた人も、誰でも気軽に立ち寄れる場所。

そのひとつが、２００５年から続いている栃木県那須塩原市の「街中サロンなじみ庵」。ＮＰＯ法人「ゆいの里」が県と市の補助を受けて始めたつどい場だ。マンションの１階にある店舗をふたつ借り、片方は食堂、もう片方は何でもできるフリースペース。朝の９時になると会員の高齢者が、頭と体を使って楽しむ教室や自主グループ活動を行うためにやってくる。

会員のもうひとつのお目当ては、３００円（一般は５００円）で食べられる野菜たっぷりのおいしいランチ。午後はランチを食べた男性が健康麻雀に集う。月曜から金曜までの来庵者は平均１日50人以上。中には脳梗塞のリハビリも兼ね、40分歩いてくる人もいる。

会員は月額２５０円の会費を払い、全員がボランティア保険に加入する。ここは会員自身がボランティアとなって運営を手伝っている。自力で来られない要介護や要支援の人を送迎する無料送迎車の運転は定年退職した男性会員が担当し、地元の人からも人気の「おふくろの味日替わりランチ」は料理好きな70代、80代の女性会員が毎日つくる。野菜の皮むきや材料の買い出し、配膳、下膳、食器洗いは別のメンバーが手分けし、午後のティータイムには、妻を亡くした88歳の元和菓子職人が手伝うなど、会員は得意技で参加する。

地域の〝もったいない力《りょく》〟を生かしていこうというのが、「なじみ庵」のモットー。年を取って出番がなくなった人のちからを引き出し、それを本人の生きがいにつなげていく。

会員から名言も飛び出した。「年を取るときょういくときょうようが大事」。教育と教養ではなく「今日、行くところ」と「今日、用がある」。みんなが足を運ぶ「なじみ庵」には、踊りや歌やそれぞれの自主グループ活動を楽しみ、自分のできることをしながら一緒に場をつくりあげるという「用事」があるというわけだ。

高齢期には**人とのつながりの時間を過ごす場所**が必要となる。できれば半径５００ｍ程度の範囲で、気軽に立ち寄れる「まちの居場所」があちこちにあるといい。「街中サロンなじみ庵」は那須塩原市の「街中サロン事業補助金」を土台に運営され、現在、ここを入れて市内に３か所の街中サロンがある。

なじみ庵の会員は１２５人で平均年齢は約79歳、最高齢は99歳だ。要介護・要支援の人も３

割程度いて、中にはふつうのデイには合わなくてここを紹介された人もいる。

「まちづくり」の主役は住民

２０１４年の「医療介護一括法改正」で、要支援１・２の人の訪問介護とデイサービスの利用は、従来のような介護保険サービスからはずされ、２０１７年までに市区町村の地域事業に移されることになった。

厚労省は、これまでの介護保険サービスは指定を受けた事業者による「全国一律」のものだったが、今後は介護事業者だけではなく、市区町村の委託事業者のほか、ＮＰＯや住民ボランティアによる「柔軟で多様なサービス」も提供できる、としている。そこで市区町村が期待するのが、「なじみ庵」のような住民主体の事業だが……。

地域ではさまざまな「居場所」づくりが始まっている。自宅を開放した「地域の縁側」や「カフェ」も増えている。しかし、「なじみ庵」のように住民のボランティア力を引き出し、それを介護保険外のサービスにつなげていくためには、運営する側の相当な力量と努力を必要とする。飯島恵子さんを代表とするＮＰＯ法人ゆいの里は、１９９６年からずっと「地域の居場所」をつくり続け、その中から「なじみ庵」が生まれた。

そしてもうひとつ必要なのが、**住民を「まちづくり」の主役**として位置づけ、自分たちは後方支援に回るという行政の姿勢だ。上から目線の「やってください」ではなく、行政も一緒になってまちをつくっていく。行政にそうした姿勢があれば、「自分のまちをこうしたい」と願う住民も増えていくだろう。「なじみ庵」も、市からの支援があるからこうした活動を続けることができる。

高齢者は、ある日突然、要支援や要介護になるわけではない。要介護認定を受け、介護保険サービスを受けるその前に、地域の中でゆるやかに老いや認知症を受けとめて、「おたがいさま」で支え合える居場所があったらいいと、認知症ケアのなじみの関係の〝なじみ〟を名前につけた「街中サロンなじみ庵」がスタートして9年。

「地域包括ケアでは、自助・互助・共助・公助の役割分担と協働が大切」と語る飯島さんだが、その入口は住民の自助と互助。共助の医療と介護の多職種協働や専門職同士の連携は盛んになっても、住民との連携はまだまだ進んでいない。

「担い手となる当事者、高齢者や市民の理解と協力が、地域包括ケアではいちばん大切なこと。ここでは高齢者自らがつくり出す制度ではない互助の中で、自助が高まり、生きがいが生まれています」(飯島さん)

これからは、地域の中でゆるやかに老いを受けとめ、制度の隙間をつなぐこうした介護保険外のサービスが必要とされている。だが、「楽しくなければ」ボランティアは動かない。そのことを行政がどう理解し、制度ではない互助をどう支えていくか、本当の「協働」とは何かを住民とともに考えていくかが、地域包括ケアの大きな課題となる。そして、「私たちも地域の支え手」。住民自身がそう考えることで、地域や、まちは少しずつ変わっていく。

◎街中サロンなじみ庵　http://www.yuinosato.gr.jp/najimi/
NPO法人ゆいの里
栃木県那須塩原市太夫塚1－195三和ハイツ1階　☎0287－39－6515
営業時間：月～金曜日　9：00～17：00

住民と一緒につくる高齢者施設
くわのみハウス

岐阜県恵那市から車で30分ほど離れた農村の小高い丘に、「日本一小さなサ高住」がある。居室数わずか5室。木材がふんだんに使われた民家風の室内には、広いキッチンやリビングと広い地域交流室があり、地域に大きく開かれている。

「くわのみハウス」と名付けられた高齢者住宅は、認知症グループホームを計画したソーシャルワーカーと訪問看護師の夫妻と、それを後押しした地域の人々の8年間の協力の成果だ。2005年にグループホームが完成。2007年にはデイサービス、2009年には認知症デイ、2010年には小規模多機能型居宅介護、そして、2011年には訪問看護ステーションと施設を次々と増やし、**「ここまできたら看取りのできる住宅を」**という思いで、2012年に高齢者住宅を立ち上げた。

地域の高齢者をケアするためにグループホームをつくりたい。10年前、そんな思いを持った訪問看護師の繁澤弘子さん（57歳）は、退職後20年近く高齢者の居場所づくりに取り組んでいた、元小学校教諭の太田千恵子さん（81歳）に相談を持ちかけた。太田さんは義母の介護で早期退職し、その中で介護に苦しむ嫁の姿をあらためて知って、月に1度はみんなで高齢者を看ようと、公民館を拠点に嫁姑30人ほどが集う会を立ち上げていた。

グループホームを自分自身の問題としてとらえた太田さんは、会のメンバーや生協の仲間に繁澤さんを紹介した。繁澤さん夫妻は古い農家を借りることを考えていたが、改修には新築と同じくらいの資金がいる。そんなとき、会のメンバーの96歳の義母から「うちの休耕地に建てたらどうだ」という声が出た。

開業資金として3000万円の自己資金は用意していたが、新築の予算はない。そこで太田さんをはじめ会のメンバーが資金集めの先頭に立ち、「最後はこういうところで暮らしたい、と夢を語ったら、そういうところなら、自分たちも将来世話になりたいと協力してくれて……」（太田さん）、会員や地域の住民から4000万円の協力金が集まった。残りの1500万円も住民の口利きで金融機関から借りられることになった。将来的には訪問看護ステーションも開設したいと考える、夫妻の計画への期待もあったとメンバーは言う。

だが、設計図もできたのに合併を控えた町は「合併後に」と、なかなか同意してくれない。太田さんたちは2晩で960人の署名を集め、ようやく建設の意見書を町から取りつけた。

やがては自分もお世話になるところ

グループホームに続いて、繁澤さん夫妻はデイサービス、認知症デイ、小規模多機能型居宅介護、訪問看護ステーションと、「自分や自分の身内が入ってもいいと思うような」施設を、元は桑畑だった同じ休耕地に建設した。しかし、毎回、借金の積み重ね。そのたびに太田さんらが奔走して、地域からの応援の出資を得た。

最後につくった「くわのみハウス」は、太田さんたちと「老後の暮らしを考える会」を立ち上げ、デンマークなど国内外を一緒に視察して「どんな暮らしがしたいのか」と考え続けてきた結果の共同住宅だ。資金集めが難航し頓挫《とんざ》しかけたが、「どうしても村を離れたくない」というひとり暮らしの男性の義理の息子が、「今まで親孝行してこなかったから」と1千万円以上を寄付し、ようやく完成した。男性もハウスの住人となっている。

ハウスの利用料金は、家賃約7万円＋共益費約3万円など月額約12万円に加え、食費約3万5000円ほかの実費。入居時には家賃3か月分約21万円の敷金を必要とする。医療や介護は外付けだが、介護から訪問看護まで併設の施設を利用することもできる。

ハウスの台所を担うのは、地元の60～70代の女性たち。2人一組の有償ボランティアで「おふくろの味」を提供し、掃除、洗濯などの家事も行う。入居者と年齢が近いので話もはずみ、同世代ならではの気配りもある。

居室は18㎡が中心だが、縁側の向こう側のグループホームなどの施設との間には広々とした菜園が広がり、利用者にとっては地域での暮らしのイメージがそのまま続いている。毎月催される地域交流室でのカフェイベントにも、地域の人々を含め40～70人の参加者があり、落語の会や音楽会も定期的に開かれる。居住者は地元の人ばかりではないが、太田さんたちがサポーターとなって、地元の風習などを伝え、地域とのパイプ役になっている。2013年度には3人の入居者が亡くなったが、そのうちのひとりは本人の希望で、サポーターに見守られながらの看取りとなった。

この「くわのみハウス」のように、デイサービス、グループホーム、小規模多機能型居宅介護などを積み重ねながら、地域の住民の「終の住みか」として小さな高齢者住宅をつくる人たちが増えている。**「やがては自分もお世話になるところ」**と太田さんは言うが、地域が必要としているものを、地域の人々が事業者と一緒につくっていく。そうしたケアの場所がこれからは、もっと必要になっていくのではないか。

ところで、このハウスのある口ーカル線明知鉄道の駅の名前は、「極楽」という。稲穂の波が続く無人駅に立っていたら、住民の思いをつむぐ「住まい」の向こうに、極楽がつながっていく情景が一瞬、浮かんできた。

◎くわのみハウス
NPO法人くわのみ
岐阜県恵那市岩村町飯羽間1621―6　☎0573-43-5077

団塊夫婦の〝夢〟でつくったシニア村
龍ヶ崎シニア村

「普通のマンションと老人ホームが合体したような住まいがあれば、一緒に安心して住めるのに……」。茨城県龍ケ崎市の「龍ヶ崎シニア村」は、10年ほど前、両親の近距離介護に疲れ果てた妻が語り始めた〝夢〟から始まった。

企業戦士だった夫は、当時はリストラ係として子会社のスタッフから依願退職を募る日々。

心が落ち込む中で**「地域に根づいた暮らし」**をふと考えるようになっていた。そこに妻の言葉が響いた。龍ヶ崎には介護中の父がもっている土地がある。そこにシニア向けマンションを建てて両親とともに住み、自分たちの「終の住みか」にできないだろうか……。

自ら希望して早期退職し、宅建業の勉強をするかたわら、講習会やシニア向けマンションの見学に夫婦で通った。しかし、求める高齢者住宅はどこを探しても見つからない。建設費の捻出にも頭を抱える中で、**コーポラティブ方式**のマンションを知った。住まいたい人が資金を出し合って各部屋を自由に設計する方式で、一部の若い世代には注目されていたものの、シニア向けとしては前例がなかった。

賛同者を集めるためにホームページを立ち上げたが、手ごたえはない。「マスコミの力を借りてみたら」という友人の助言に半信半疑で情報提供すると、一紙が取り上げてくれた。地方版に記事が掲載されると、3組のシニア夫婦から連絡があった。

自分たちも含め4組が核となって動き出したバリアフリーの「シニア村」は、2007年に完成した。50代から80代まで29世帯。半数近くが女性のおひとりさまで、1名は身障者だった。そして、2012年には2棟目の「第2期シニア村」(20世帯)が完成。現在、3棟目としてサービス付き高齢者向け住宅の建設を計画中だ。

自らの夢の「終の住みか」として、「シニア村」づくりを進めてきたのは、団塊世代夫婦の今美利隆さん(64歳)と久美子さん(64歳)。「たつのこヒルズ」と名付けられた1期目の「シニア村」には、今美さん夫妻も入居した。両親は建設中に亡くなったが、亡くなる前に母は何度も介護に対する感謝の言葉をふたりに告げたという。

「高齢者同士が支え合う村」を

夫妻が高齢者住宅づくりの参考にしたのは、81ページで取り上げたデンマークの「高齢者福祉の３原則」――**①自己決定、②居住の連続性、③残存能力の活用**だった。夫妻はこれをシニア村に当てはめてみた。①については、自分が設計や建築に参加するコーポラティブ方式はまさに自己決定ではないか。②については、入居者は全国から集まるので完全な「連続性」とはならないが、ペットとの同居も含め、できるだけ以前に近い暮らしができるように支援する。③では年齢制限をなくし、入居者には元気なうちからの転居を考えてもらう。そして、障害者も地域に自由に出て、交流することを応援したい……と。

「医（介護）」＋「食」＋「住」＋「コミュニティ」をコンセプトに、集まって暮らす「長屋感覚」を大切にしたいという「シニア村」では、入居の年齢制限はなく、ペットとの同居もＯＫだ。親子同居の人もいる。食事は自炊が基本だが、予約すればラウンジで日替わり料理も楽しめる。屋上には菜園もあり、入居者に開放している。

住宅内には生活相談員を置き、「ヴィラ松ヶ丘」と名付けた第２期シニア村では、地域交流の場として「コミュニティカフェ」を併設した。診療所スペースもつくって訪問診療もできる医師を募集中。デイサービスの入居もあわせて検討中だ。

ニュータウンが隣接とあって、総合病院、スポーツ施設、公園が近くにあり、駅やスーパー、銀行や病院などには、無料の定期送迎車のサービスも行っている。訪問診療医が必要な人はまだいないが、歯科の定期訪問診療はオープン時から行っている。

居室の広さは66㎡を中心に、60㎡~76㎡で価格は2400万~3100万円。第2期シニア村の住人50代から80代までの5世帯7人に話を聞いた。うち両親の介護の経験者が2組、妻の介護をする人が1人、おひとりさまが1人。いずれも「子どもたちの世話にはなりたくない」という人たちだが、親子の距離についてはしっかり考えている。

定年退職後、横浜から福岡に移り住み、妻の両親を11年間介護した多田さん(74歳)夫妻は、妻の両親が亡くなったあと、自分たちの将来を考えた。「安心な暮らしはしたいが、老人ホームには入りたくない」「目が悪くて運転免許を返上したので、車が必要なところには住みたくない」「埼玉県と千葉県にいる娘たちの中間がいい」「介護と医療について高齢者住宅側がちゃんと考えていてほしい」……。「シニア村」について新聞記事で読み、娘たちと見学に来て、家族全員が気に入って契約をした。

野々山進さん(59歳)は、脳出血の後遺症で左半身不随になり、車椅子生活を送る妻の幾代さん(64歳)と一緒に暮らせる住まいを探していた。施設も含めて東京近郊を当たり、中古マンションを購入して室内改造をすることまで考えたが、コーポラティブ方式というものがあると知り、ネットで探して「シニア村」にたどり着いた。

バリアフリーで、車椅子の幾代さんがドアを開けても雨風の当たらない内廊下仕様というハード面に加え、ソフト面で大切なのは「見守り、食事、外付け介護がしっかりしているか」。幾代さんは要介護４の介護状態だが、できるだけふつうの生活がしたいと考えているので、外部の人と接する機会も重要だ。

現在、幾代さんは１日２回ヘルパーの訪問介護を受けているが、そのほかの時間にはひとりでラウンジに降りてきて、いろんな人と時間を過ごす。今では、仕事を持っている進さんが帰宅すると、幾代さんがお隣で一緒に夕飯を食べていることも珍しくないという。

第２期目を計画中にリーマンショックに見舞われ、購入予定者が次々とキャンセルするなど、順風満帆ではなかったが、今美さん夫妻は**「高齢者同士が支え合う村」**の締めくくりとして、「介護のできる高齢者住宅」の開設を進めている。１棟目、２棟目で在宅介護がむずかしくなった人が、介護サービスを受けられる住まいだ。

「年を取れば取るほど、仲間や友だちが大切」――。今美さんは施設に入ってそこで亡くなった両親の介護からも、「住居の連続性」の重要さを学んだ。居住者が認知症になったときの成年後見や、遺言・相続の問題、葬儀の相談に乗るアドバイザーの存在も必要になってくるだろう。「シニア村」を継続させていくという課題も含めて、今美さん夫妻は若いマンションの住民を中心とするNPO法人の設立に向かっている。住民である入居者が自らマンションのコミュニティや地域にさまざまな形で参加し、いきいきと暮らしていく高齢者の住まい。団塊夫婦の〝夢〟はまだまだ続いていく。

◎龍ケ崎シニア村 http://shinia-mura.com/pc/
茨城県龍ケ崎市松ケ丘2—24—22 ☎0297-63-5490

「終の住みか」は自分たちの手で
コミュニティーハウス法隆寺

「老後、みんなで助け合って住める家をつくりたいね」。そんなことを友人同士で話し合ったことがある人は少なからずいるだろう。実現したという話はほとんど聞かないが、そうした会話から実際に立ち上がった「共生の住まい」がある。それが奈良県斑鳩町《いかるが》にある8室のコーポラティブ方式住宅「コミュニティーハウス法隆寺」だ。

人生の残り時間をどう過ごしたらいいのか……。定年退職をして、シニア向けの新聞を発行していた元新聞記者の向平すすむさん（76歳）は、取材をしながら老後の生き方を自分自身に問いかけていた。大阪を本部とするシニアボランティアNPOナルクの会報づくりも頼まれ、自らボランティアをすることで高齢期の実情も知るようになっていた。

あるとき、ナルクの会員を対象に「老後の住まい」に関するアンケートを取ると、「グループリビング」に対する要望がかなりのシェアを占めた。「そうか、居住者が助け合えるシニアの家があればいい。そうすればひとりになっても安心して暮らせる」。在職中にデンマークなど北欧の福祉先進国の視察旅行に参加し、高齢者共同住宅を見学した経験のある向平さんは、仲間や友人が共同で生活する**コレクティブハウスという方式で、「共生の家」をつくろう**と思い立った。

ナルクのボランティア仲間に思いを語ると、「一緒にやろう」と言う。仲間のひとりが土地の提供を申し出て、奈良と京都の中間の駅の近くにある240坪を貸そうと言い出した。土地を買うお金はないが、借地なら可能性はある。話は一気に盛り上がり、同志を募ることになった。「共生の家」に共感する建築家にも出会った。

共同で資金を出し合うところまでは決まったが、問題は権利関係や運営方式だった。どうしたら公平な参加ができ、みんなの権利が保存できるのか。税理士から提案されたのは「株式会社」だった。全員が株主になって建設資金を出資し、建物を会社の持ちものとして、入居者はこれを借りるという形だ。出資金は住まい手の頭割りで、夫婦ならふたり分となる。

株式会社「安寿《あす》ネット」を立ち上げ、計画が実現に向かったところで、土地の提供が突然、白紙撤回となった。その後、大阪、奈良、京都近郊で土地探しを続けているときに、高齢化で耕作から離れた農家の休耕地の有効活用を業務とする、奈良県農協の資産管理担当課長に出会い、斑鳩の里にできたばかりの農住団地を提案され、奈良時代の条里制の景観が広がる田園の一角を、50年の定期借地で借りることにした。

２００２年に計画がスタートしたときから勉強会を何度も重ねた。ときには60名近くの参加者があったが、翌年の会社設立時に残ったのは５人。２００４年の着工時には、50代の夫婦１組、60代の夫婦４組、70代単身者１人、80代単身者２人、計13人の核ができた。

出資金は１人７５０万円。入居後は「家賃」として地代、共用部分の運営費、修繕費、税金などを負担し合う。新しい入居者は退去者から出資権の譲渡を受けて参加するというシステムだ。完成した「コミュニティーハウス法隆寺」は、鉄筋２階建て６４５㎡に夫婦用５室（68～75㎡）、単身用３室（29～44㎡）がある住宅。共用部分として、集会室、ゲストルーム、障害者用トイレ、エレベーター、緊急通報設備付き。花壇と菜園も備わっている。２０１４年現在では、当初の入居者が３人亡くなり、３人の退居があったあと、３夫婦、６単身者（２単身者は夫婦部屋に同居）の12人が暮らしている。

仲間が集まる場所となる共用部分にはお金をかけた。集会室では食事会や料理サロンを催すほか、近所の団地の20代～40代の自治会メンバーが会議の場として使ったり、ボランティア経験の豊かなハウスの仲間が子育て支援をする場になっている。

地域との共生から「農ある暮らし」へ

「コミュニティーハウス法隆寺」が追求してきたのは、メンバーが**自分たちの生きがいを自主的に発揮できる場所**だ。そして、みんなができる範囲でお互いを助け合う。それを最後まで貫ける場所が「終の住みか」だと向平さんは考えた。

地域とのつながりは、手入れに困っていた地主さんの竹林の管理や、散歩道の整備を引き受けたことから始まった。それがきっかけとなって、農家の人たちとの交流が生まれ、ハウスでの「共生」は地域との「共生」に向かい始めた。

斑鳩町では家庭菜園が当たり前にある。野菜は自分でつくって食べるもの、汗を流しておいしいものを食べるほどいいことはない、と思っていたら、地主さんが高齢で農業ができなくなったため、畑の管理も引き受けることができた。

その畑でつくる珍しい野菜の種や、ハウスのガーデンで咲いた巨大な皇帝ダリアの苗株を近所に分けると、農家の人がお礼に柿を何百個と段ボールでもってきた。それで干し柿をつくってお返しをしたら、おいしいといって今度は野菜がくる。**「小さな農と食の愉しみ」**を媒介に、人間関係を豊かにするコミュニティが次々と広がってきた。

ハウスでは料理好きな向平さんの妻、次子さん（74歳）を中心に、外部からのゲストと参加者を募って食のサロンを定期的に開いている。大阪、京都からも参加者が集まり、40代、50代のおひとりさま女性の中には、「ここに住みたい」ともらす人も少なくない。

今、向平さんの手元には女性設計者が描いた、1枚の設計図がある。畑を真ん中にしたロの字型の長屋。自宅の前には個人菜園がある。じゃがいも、ニンジン、大根など、みんなが使う野菜は共同畑でつくり、趣味の野菜は自園でつくる。長屋には40代から90代まで多世代が暮らし、いろんな人が来て、いろんなことができるスペースをつくって、コミュニティを外に広げていく……。向平さんの新たな夢の世界だ。

高齢化への心配や、建物のメインテナンス、今後の入居者の意識など、数々の課題はある。しかし、「農ある暮らし」を通じて、ここをギリギリまで自立できる人生最後の場所としていくことを目指し、「コミュニティーハウス法隆寺」の仲間たちは、自分たちの「老後」をつくり続けている。

◎コミュニティーハウス法隆寺　http://www.asunet-nara.com/home/visit.html
奈良県生駒郡斑鳩町小吉田2―16―19　☎&Ｆａｘ　０７４５-60-４０４０（向平＝見学担当）
mukachan@ares.eonet.ne.jp

「自分らしく自由な」とも暮らし
グループリビングえんの森

埼玉県新座市の「南半分」という地域限定で、25年近く活動を続けている「暮らしネット・えん」というＮＰＯがある。「ほんのちょっと」の手助けから始まった障害者へのボランティア活動が、今では７つの事業をもつ職員90名近くのＮＰＯになった。その６つ目の事業となったのが「グループリビングえんの森」だ。

今では全国に広がっているグループリビングだが、「暮らしネット・えん」がグループリビングを立ち上げるまでには、長い時間がかかっている。

代表の小島美里さんは新座市の市議会議員をしていた30年ほど前、勉強会で知り合った先輩議員の西條節子さんが「将来は自立を保ちながら、仲間と一緒に暮らす生活をしたい」と語るのを聞いていた。その西條さんが65歳になったとき「自由にわがままに老いたい」と私財をなげうって、「自立と共生」をキーワードにグループリビングの草分けである「ＣＯＣＯ湘南」を、１９９８年に藤沢市でつくった。

「実現したんですね」と西條さんにお祝いの電話をかけ、地域の高齢者や障がい者を支援するＮＰＯを始めたと報告したら、「グループリビングはいいわよ。あなたもやりなさい」と言われた。ＮＰＯ設立から間もないときだったので、そこまで考える余裕はなかったが、「いつかは」

という思いが、小島さんの胸に残った。

小島さんたちの活動を見ていた地元の大家さんが「建物を建てて貸そう」と言ってくれたおかげで、雑木林の中に居宅支援やグループホームなどが入る建物が完成したのは2003年のこと。資金がないので一口10万円からの無利子無担保の融資を募り、60人近い人から約4000万円を集め、大家さんの予算をオーバーするエレベーターや床暖房などの工費から職員の給料まで一切の経費をまかなった。

「暮らしネット・えん」がこだわるのは「高齢になっても、障害があっても、このまちで暮らし続けるために」の実現だ。それに向けて次々と事業を立ち上げてきたが、5番目の小規模多機能型居宅介護の事業が一段落したところで、「次はグループリビングを」と小島さんは提案した。

「誰かに入れられる介護施設ではなく、自分で選んで転居する住まいを」とNPO会員に計画をアナウンスし、「検討委員会」をつくって話し合った。集まってきたのは、ほとんどが地元のおひとりさま女性。5人が残り、最初の入居者となった。現在は60代前半から80代後半まで、10人の女性が暮らす。中には仕事をもっている人もいる。

「あなたはどう生きたいのか」を問う住まい

申請していた助成金が約半額になるなど難産だったが、2011年夏、木の香り漂う木造2階家のグループリビングがグループホームの隣にできた。ミニキッチンとクローゼット、トイレ、洗面、テラスがついた10室（約26・5㎡）と、共有スペースに食堂・キッチンと居間、2つの浴室、地域交流スペース、ゲストルームなど。

食堂に続く広々とした居間には大木を輪切りにしたテーブルが置かれ、大型テレビによる映画鑑賞や音楽鑑賞ができる、ちょっと贅沢なゆったり空間となっている。浴室を共同にしたのは、高齢者に浴室での事故が多いから。2階へのエレベーターや床暖房など「高齢者仕様」には気を配っている。窓から木々が見える1階の浴室からは広いデッキに出られるようになっていて、湯上りの一杯を楽しむこともできる。

入居一時金は300万円。月額費用は12万8000円で、ここには7万円の家賃と1万8000円の夕食費、2万円の共益費、2万円の家事委託費が含まれる。居室の電気代、電話代などは自前だ。門限もなく「自由な暮らし」をモットーとする「えんの森」の数少ない約束事のひとつは、**「夕食を一緒に食べる」**こと。1日1回、顔を合わせることで、入居者同士の円滑な交流をはかっている。

見学に来た人から、必ず聞かれる質問がある。「介護が必要になったら、どんなサービスが受けられるのでしょうか。亡くなるまでずっとここにいられるのでしょうか」。

小島さんはこう答える。「何をしてもらえるかではなく、自分がどう暮らしていくかを考えてほしい。自分の暮らしをつくるのは、何歳になってもあなた自身なんだから」。

実はケアについては、十分フォローができる。ケアマネジャーはもちろん、訪問介護の事業があるのでヘルパーは派遣できるし、デイサービスもグループホームも小規模多機能型居宅介護もある。地域医療に熱心な病院をはじめ、訪問診療医、訪問看護ステーション、訪問薬剤師など、在宅医療のネットワークもある。実際、入居者のうち3人は訪問介護や訪問看護を受けていて、認知症がだんだん進んでいる人は、認知症デイホームに通っている。

しかし、小島さんは「あなたはどう生きたいのか」を問うことで、入居希望者にグループリビングで暮らすことの意味を問うている。ここに住んでほしいのは「そういうところを探していた」という人。「それじゃ、無理だわ」という人には別の選択肢があるからだ。

住人となったのは、全員が地元在住か地元つながりという、地域での暮らしがそのままできる人がほとんどだ。ずっとひとり暮らしの人、夫を亡くして暮らしが心細くなった人、家が古くなって改築もむずかしくなった人、事情はさまざまだが、全員に共通するのは**「自立した自由な暮らし」**へのこだわり。有料老人ホームをいくつも見たうえで、ここを選んだ人もいる。

検討会から参加した芙美子さん（68歳）はずっとシングル。都の職員を退職後、大学で高齢者福祉を教えてきた。今も非常勤講師として週に何回か仕事に通っている。二世帯住宅で暮らしていた母が施設に入り、築40年の家でひとりになって老後への不安がふくらんだ。マンションではなく人の気配のあるところに住み替えたいと思っていたとき、小島さんから検討会への誘いがあった。

話し合う中で「ああいいな、絶対入る」と決めて、オープンを待って入居した。「暮らしてみると極めて快適。みんなで暮らすといっても、顔を合わせるのは夕食だけなので、その〝付かず離れず〟の距離感がいい。夜、疲れ果てて帰って来たときに、『おかえり』という声があって、食事が待っているのは最高」と、芙美子さんは語る。

「自分らしい生活」を求めて入ってきた住人たちは、距離を保ちながら関係性をつくっていくのが見事だと、小島さんは思う。**「自立と共生」がモットー**なので、住人は役割も話し合って納得のうえで決めていく。夕食の配膳、後片付け、食器洗い、風呂のお湯張りと栓抜き、戸締りの確認。居間ではＤＶＤの鑑賞会やミニコンサートなど、小さな集まりも自然にできている。

そして、ここには「湿布を貼り合う関係」がある。三重子さん（70代）が腰を痛めて湿布をもらってきたが、背中にはどうしても貼れなかった。そこで住民が当番で就寝前の湿布貼りを毎晩手伝った。「中廊下でつながったご町内だからできること」と芙美子さんは言う。不在時の宅配便の受け取りも誰かがするし、体調の悪いときは食事を部屋に運んだりもする。ベタベタした関係性はないが、「いざというときに誰かがいる安心感」がある。

日々の生活を楽しみながら、住人たちがふと気になるのは「今はいいけれど、５年後、10年後はどうなるか」ということだ。しかし、60代から80代までがともに暮らすグループリビングは、**自分がどう老いていくのかを学習する場所**でもある。

ここで住人が看取りまで迎えられるかどうかは、「えんの森」にとっても大きなテーマ。「いずれ私も入るかもしれない」と語る小島さんは、高齢期の生き方と住まい方を住人たちと一緒に探りながら、グループリビングの可能性を広げていきたいと考えている。

◎グループリビングえんの森　http://npoenn.com/index.php?id=56
埼玉県新座市石神2－1－32
運営・問い合わせ：NPO法人　暮らしネット・えん　☎048-480-4150

「ささえあい、たすけあいのまち」を組合員の手で
南医療生協

介護が必要になっても住み慣れた自宅や地域で暮らし続けるには、住まい、福祉・生活支援、保健・予防、介護・リハビリテーション、医療の5つのサービスが地域で一体的に受けられる仕組みが必要と、国は今、「地域包括ケアシステム」を推進している。「地域で安心して暮らし続けたい」と願う組合員と一緒になって、この考え方をいち早く実践してきた医療生活協同組合がある。

組合員の出資金で事業を行う生活協同組合（生協）は、全国で900以上。生協には、地域生協、職域生協、学校生協、大学生協、医療生協、共済生協などがあるが、物品の販売を通じて食や環境の安全などに取り組む地域生協に対して、全国112の医療生協は地域の医療・介護・福祉・健康づくりに取り組んでいる。最近では、介護事業を展開する地域生協や医療生協も増えてきた。

中でも**組合員との「協働」を大きなちからに**、病院づくりから愛知用水の建設、福祉のまちづくりまでを行ってきたのが、名古屋南部から知多半島、尾張東部、西三河地域に広がる南医療生協だ。ここでは住民である組合員が自分たちで描いた夢を実現するために、すべての施設の企画・着工から竣工まで参加し、出資金や増資も自分たちで集める、という参加型民主主義の理想を実践している。

南医療生協の始まりは55年前。5000人の死者と行方不明者を出した伊勢湾台風を機に、308名の組合員が出資した小さな診療所からスタートした。その後、地域医療と健康づくりへの取り組みを通じて、診療所や病院を組合員とともに各地域で立ち上げ、今では7万人以上の組合員と、医療、看護、介護など56の事業所を抱えるネットワークに発展した。

2010年には、「世界初」と言われる利用者の視点による手づくり病院「総合病院南生協病院」をオープンした。施設内にはカフェや自然食レストラン、旅行会社、フィットネスクラブ、多世代交流館、保育園や助産所などがあり、通学・通勤者、市民は病院のロビーを通過して駅と行き来することができる。健診センターから緩和ケア病棟まで備える病院で、黄色いエプロン姿でイキイキと活動しているのは、組合員のボランティアだ。

ひとりの「困った」に寄り添うまちづくり

長年、病院や診療所を中心にした健康づくりを行ってきた南医療生協が、**医療・介護・福祉・住まいをつなぐ「住民主体のまちづくり」**へと大きく転換したのは、介護保険制度が始まってからのこと。発端となったのは活動歴の長い南区星崎地域であがった「認知症グループホームをつくろう」という組合員の声だった。

地域では認知症の高齢者が急増していたが、グループホーム建設の資金はない。そこでメンバーが考えたのは「ちゃりんこ隊」を組織し、空き家探しをしながら地域の住民に医療生協への出資を募ることだった。生協職員も加わり、自転車で1軒1軒を回り、集めた出資金は1000万円。これを空き家の改築費に、2004年にグループホーム「なも」を開設した。手ごたえを感じたメンバーは、同じ方式で小規模多機能ホームを立ち上げ、診療所や介護事業所を併設した老健を組合員と住民、生協との協働でつくりあげた。

これに刺激を受けた同じ南区の名南地域の組合員は、高齢者の社会参加、多世代住宅、介護施設を複合した**「生協ゆうゆう村」**を2006年に立ち上げる。2005年からは「1ブロック１介護福祉事業」が展開されたが、その中で東海市の組合員は６０００万円の増資目標を立て、組合員から提供された８００坪の土地にグループホーム、小規模多機能ホーム、多世代型共生住宅、地域交流スペースなどが集まる**「生協のんびり村」**を２００９年にオープンした。

さらにＪＲ南大高駅前にある南生協病院と隣接した市有地では、２０１５年４月の完成を目指し、今までの活動の集大成として「さいごまで自分らしく生きる」を支援する新複合施設、**「南医療生協よってって横丁」**の工事が進んでいる。８階建ての１階は在宅生活をサポートする医療と介護が連携するフロア、２階はクリニックと多世代交流ができるみんなの広場、３階にはグループホーム、４階には有料老人ホーム、５階から８階まではサービス付き高齢者向け住宅が予定されている。

こうしたプロジェクトの底辺に今も脈々と流れるのは、機関紙を手渡しながら高齢者の安否確認をし、自転車で空き家を探してグループホームづくりを実現してきた草の根互助の精神だ。

「ひとりの困ったに寄り添うまちづくり」をモットーとする南医療生協では、介護のあり方も「個別ケア」がモットー。本人らしく最期を迎えられるようにと、グループホームばかりか、家族から求められればショートステイでも「看取り」を行っている。

組合員がつくったグループホーム第１号の「なも」では、２０１４年４月に初めての看取りをした。亡くなったのは開設時から10年間ホームで暮らしてきた95歳の静江さん。長年ひとり暮らしをしていた静江さんは、入居当初は不安が強く徘徊を繰り返していた。

しかし、職員の細やかなフォローで次第に落ち着きを取り戻し、若いころは和裁と洋裁で生計を立てていたと知った職員が、簡単な雑巾縫いから裁縫をうながしたところ、針を使う自信を取り戻した静江さんは、浴衣を縫い上げるようにまでなった。

バザーなどで作品が売れたことで静江さんのやる気はさらに増し、それまで要介護3だったのが、ついには1にまで好転。食事の支度や掃除もするようになったばかりか、買い物、散歩と外出の機会も増え、職員と一緒に飛行機に乗って徳島まで旅行にも出かけるようになった。

しかし、年齢を重ねるとともに体力の衰えが目立つようになり、2014年2月には肺炎を起こした。往診に来た連携診療所の医師が老衰と診断し、「ここがいいか、病院へ行くか」と聞くと、静江さんは**「ここがいい、つれがおるでな」**と答えたという。「つれ」というのはグループホームで一緒に暮らす仲間のことだ。

看取りを不安がる若い職員もいたが、グループホームでは静江さんの看取りを決め、その態勢を整え始めた。ひとりで部屋にいるのは寂しいだろうと、みんなの団欒の場である居間の隣の小部屋に静江さんの寝床をしつらえた。仲間の入居者たちも職員も静江さんの枕元で、ときには一緒に寝転んで話をしたりし、訪問診療医と訪問看護師が静江さんの様子を確かめた。

2か月後、食堂で朝のココアを飲んで寝床に戻り、その1時間後に静江さんは、静かに息を引き取った。「つれ」である仲間たちと職員が静江さんを囲んでお別れを告げるなかで、仲間のひとりがいつまでも静江さんの顔をなでていた。

南医療生協の施設や高齢者住宅を訪ねて話を聞くなかで、**「地域のちからは無限」**という組合員の言葉が心に残った。地域の医療や福祉がよくなることが自分たちへのごほうび――。南医療生協の組合員のように住民がそう考え、それぞれの地域での「協働」のあり方を探っていけば、地域は少しずつ変わっていく……。南生協の組合員の活動は、そんな勇気を伝えてくれる。

◎南医療生活協同組合　http://www.minami.or.jp/
名古屋市緑区大高町字平子36　☎０５２-６２５-０６２０

人生の終章を医療と介護のコミュニティケアで　ケアタウン小平

「住み慣れた自宅で最期まで」と願っていても、医療と介護の連携や家族のサポートがうまくいかず、最後の段階で高齢者住宅や施設への「住み替え」を迫られることがある。とくにひとり暮らしや、家族に介護力がないときは、そうした選択を迫られがち。必要なのが介護だけだったら選択肢はあるが、行き先に困るのは医療のニーズのある人だ。

がんの末期でも、治すための医療をずっと受けてきたのに、ある日、「もうできることはありませんから、ご自宅へ」と言われ、自宅で介護の態勢が整えられない人も少なくない。そうしたときの行き先は、従来はホスピス以外にはほとんどないのが現状だった。

しかし、在宅医療が定着してきたことで、医療ニーズの高い人たちにも「最期まで在宅」の選択肢が広がってきた。その先鞭《せんべん》をつけたのが、病院内ホスピスでの医療から在宅での医療に転換した山崎章郎医師が、仲間たちとともに東京・小平市で２００５年にスタートした医療・介護・共同住宅複合施設「ケアタウン小平」だ。

小金井公園から玉川上水に続く、武蔵野の自然が残る住宅地。その一角の大きなけやきの木に囲まれた８００坪の土地に、どんな病気を抱えていても、**最期まで地域の中で自分らしく自立して暮らすことができるコミュニティづくり**をめざす「ケアタウン小平」がある。

１階には在宅療養支援診療所、訪問看護ステーション、在宅介護支援事業所、デイサービス、アトリエと中庭の広場など。２階と３階は「いつぷく荘」と名付けられた21室の賃貸住宅で、食堂に面したデッキテラスからは、子どもたちが遊ぶ中庭が見下ろせる。デイサービスでは、胃ろう、在宅酸素療法、痰吸引、インシュリンの注射などの医療ニーズがあるために、ふつうのデイに通えない人たちも受け入れている。

最近では医療法人が、医療・介護施設を併設した有料老人ホームやサービス付き高齢者向け住宅の運営に乗り出しているが、この「ケアタウン小平」がそうした施設と大きく異なるのは、ここが「地域との協働」でコミュニティをつくっていこうとしていることだ。

ケアタウンを初めて訪れた人が最初にびっくりするのは、地域に解放された「広場」と呼ばれる中庭の芝生の上で、ボールを蹴って遊ぶ子どもたちの姿と歓声だろう。地域の人が体操や犬の散歩をする姿もしばしば見える。

地域のボランティア80人近くが登録し、日替わりで立ち働くデイサービスやダイニングには、幼児を連れた近所のお母さんたちが立ち寄り、さまざまな講座やイベントなどにも地域の人たちが気軽に集う。さらに、近くの小学校ではボランティア活動をテーマにした出前授業も行うなど、地域に次世代への希望の苗を根付かせようとしている。

いのちが輪になってつながっていく場所

「いつぷく荘」での看取りは20人を超えた。デイサービスの利用と必要になったら外からの訪問になる医療や介護は、併設のものを使っても自分の気に入った別のサービスを使ってもよく、いちおう「自立して生活する」ことが基本だが、寝たきりになっても住み続けることができる。年齢制限も状態制限もなく、入居条件は「本人の意思」のみ。

9年前の開設時からの入居者で100歳になる綾乃さんは、入居の際に「私はここで死にたいので、死なせてほしい」と申し入れた。家族はいるがひとり暮らしを選んだ綾乃さんは、ケアタウンが開設を地域に広報したときにその理念に共感し、**「ここなら最期までひとりで人生を**

まっとうできる」と自分で決めて入居した。家族もその判断を理解し、ずっと綾乃さんのサポートをしている。今までに「夏は越せないか」という危機も数回あったが、そのたびに乗り越えてきた。

現在、唯一の男性住人の遼一さん（83歳）は、脳梗塞の後遺症と特定疾患、脊椎管狭窄症の持病を抱えている。家族のいる自宅で療養していたが、「本当に動けなくなってから家族が決めるよりも、動けるうちに自分で見学をして自分で決めたほうがいい」と息子に勧められ、有料老人ホームやサービス付き高齢者向け住宅を見学した。しかし、どれもこれも「帯に短し、たすきに長し」。そんなとき、友人に勧められここを見学に来た。「大きなけやきの木にピンときて」その場で入居を決めたという。

要介護1の遼一さんは、月1回ずつの訪問診療と訪問看護で体調チェックを行い、週2回のヘルパーの訪問で日常生活の支援を受けている。車椅子もときどき使うが、常用すると歩けなくなるので、室内では「最期まで這ってでも自分で動きたい」と車椅子を使わない。

切り絵から油絵までやる画家の遼一さんは、入居後、階下のアトリエで、入居者やボランティア、地域の子どもなどを対象に、ときおり絵画教室を開くようになった。「ここのけやきの木がまだ描けない。あのダイナミックさが出せない」とつぶやいたあと、「ここはけやきに次いで、子どもが遊びに来るのがいいね。**いのちが輪になってつながっていくんだ**」と、子どもたちの歓声を聞きながら目を細めた。

「いつぷく荘」の居室の広さは28㎡（20戸）と46㎡（1戸）。室内設備はミニキッチン、シャワー室、トイレで、共用空間として、広いダイニング、共同浴室（2か所）、図書コーナーがある。費用はひとり用の28㎡の場合、家賃（7万5000円）＋共益費（5万4400円）＝12万9000円。食事はオプションで5万9000円（朝食のみ・税込み）〜7万2900円（朝・昼・夜3食・税込み）。3食付きで約20万円となる。

「ケアタウン小平」に触発され、在宅医療を行う医師たちが地域に根ざした医療と介護の複合施設を各地で立ち上げている。富山県砺波《となみ》市で訪問診療と、地域の高齢者を支える3つの診療所での外来診療を行う佐藤伸彦医師もそのひとりだ。

自宅での療養ができなくなった人にも「人生の最終章を、自宅のようなあたたかい空間で過ごしてほしい」と、がんだけに限らない人生の最終章に特化した医療・介護チームが、居住者の看取りを支援する16室の賃貸住宅「ものがたりの郷」を「ナラティブホーム」と名付けた医療・介護複合施設の中につくった。

病院でもない、施設でもない、地域とつながった〝最期の居場所〟は、「終の住みか」の選択肢のひとつとして、これからますます求められていくはずだ。

◎ケアタウン小平「いつぷく荘」 http://www.ippukuso.net/
東京都小平市御幸町131－5 ☎042-321-1045

◎ものがたりの郷　http://www.narrative-home.jp/monogatarinosato
富山県砺波市山王町2－12　☎0763－55－6100

民家のちからを生かし、暮らしの中で「最期の日々」を
ホームホスピス「かあさんの家」

認知症でもがんでも、人工呼吸器をつけた人でも、一軒の民家に5～6人が住みながら、安心して最期まで暮らせる場所。ホームホスピスの小さなムーブメントが、根を広げている。2004年に全国で初めてのホームホスピス「かあさんの家」が宮崎市に誕生してから10年。今では東京や仙台市を含めた19か所のホームホスピスが全国で立ち上がり、秋田市など11か所が準備中だ。

はじまりは、宮崎市に緩和ケア病棟をつくろうという市民運動だった。1998年に「かあさんの家」の母体となるNPO法人ホームホスピス宮崎を立ち上げた市原美穂さんたちは、「宮崎をホスピスに」の合言葉のもと、さまざまな地域活動を行ってきた。2001年には初のホスピス病棟が実現したが、介護に悩む家族からの相談を受ける中で、「家族の介護力がなく、自宅へ戻れない」「行き場が見つからない」という訴えを聞くようになった。

「それなら家に近い雰囲気の場所を受け皿としてつくり、そこにホスピスケアのチームを派遣すればいい」。市原さんは市民活動のメンバーと話し合い、家探しを始めた。ホームホスピス第1号の「かあさんの家」は、認知症でグループホームにいた91歳の男性の自宅。男性を1年半ケアし、看取ったあとも本人の表札をずっと掲げ続けている。

民家にこだわるのには理由がある。木造の日本家屋のもつぬくもりと人の気配、生活のにおいや音のしみこんだ**家のもつ包容力**だ。市原さんの住む宮崎市内には、そんな民家がふつうにあり、人々がそこで暮らしている。

民家のもつちからは大きい。小規模多機能型居宅介護にいたレビー小体型認知症の女性は、「かあさんの家」に移ってから1週間ほどすると、それまでの大騒ぎがウソだったように落ち着いた。「自分の居場所が見つかったら、昔からそこにいたみたいになった。ケアそのものもあるかもしれないが、自分の家と変わらないという安心感だと思う」。そうした例を市原さんはいくつも見てきた。

ケアする人のための「施設」ではなく、人が暮らす「家」に

現在、「かあさんの家」は宮崎市に４か所。この10年で80人ほどの人が暮らしている。亡くなった人は64人。55人を「かあさんの家」で看取った。４人は自宅に戻って亡くなり、病院や施設

に移って亡くなった人も5人いる。

ここで暮らした人の最短は「この場所でだけは死なせたくない」という娘さんの懇願で、病院の集中治療室から移送し、到着後13分で亡くなった男性。最長は8年前から暮らす98歳の女性だ。女性は娘夫婦と暮らしていたが、娘の夫が病気になったため、娘に負担をかけたくないと有料老人ホームを探し始めたものの、納得できるところが見つからない。たまたま「かあさんの家」に空きができたので誘ったら、気に入ってそのまま住むことになった。最近、要介護1の状態になったが、医療の問題は認知症と慢性膀胱炎だけ。「100歳までいけるかも」というほど元気に毎日を過ごしている。

ホームホスピスというと、がんの人が多いのではないか、と誤解されがちだが、介護度の平均が4・6の居住者は、老衰、がん、認知症、脳血管性疾患……最近では神経難病が増えている。重度の介護が必要となって、家族は介護できない、病院でも引き受けない、もちろん施設でも受け入れないという人が、神経難病患者には多いのかもしれないという。

1軒に5人では採算が合わないが、5人というのは互いを思いやることができる「黄金律」ではないのか、と市原さんは思う。それ以上の入居者を抱えると、暮らす人のためにつくられた「家」ではなく、ケアする人がやりやすい「施設」になってしまう、という思いがあるので、新築や増築はしない。

日常の世話をするのはヘルパーたち。生活のリズムを整え、排泄、食事を調整し、口から食べることを勧めながら、その人が本来もっていたちからをゆっくりと引き出していく。「かあさんの家」では介護事業もやっているが、「自分のところだけでやると、よそが見えなくなるから」と〝囲い込み〟をせず、半分は外部の事業所に依頼する。ここからよそのデイに行くのも、その人にとってはそれが「おでかけ」になるという緊張感があるからだ。

「その人に応じた医療を提供する」ために、現在、訪問診療をする主治医が５人、訪問歯科医２人、訪問看護５か所、ケアマネジャーが５事業所、訪問リハビリテーションも４事業所が入っている。それに加え、口から食べるためのチームである内視鏡検査専門医や栄養士、理学療法士も。20床にこれだけの専門職が入るケースは稀有《けう》だが、**「それが本来、地域で看ること」**だと市原さんは考えている。

「いのち」のバトンをつなげるための看取り

昔から看取りの場は、暮らしの中にあった。それは人々が今も望むことだが、実際にはさまざまなハードルがある。そのニーズに応え「看取りの場」としてつくった「かあさんの家」での市原さんたちのスタンスは、「この場を提供しますから、自分の家と同じようにご本人を看てください」と、家族のかかわりを大切にすることだ。

死にゆく人にとってみれば、そばで誰の声がしているか、周りに誰がいるかがいちばん気になることだろう。いっぽう、家族にしてみると、病院でも施設でもどういう対応をしてもらったか、ということがとても大事ではないかと、最近、市原さんはとみに感じるようになった。それは残された家族にとっての納得にもなる。

だから、家族のいる人には「家族にしか提供できないことがあります。それは優しさです。それを持ってきてください」と最初に告げる。どんなにスタッフが頑張っても、家族が訪ねてきたときの笑顔は違うからだ。そして、その時期がきたら家族が泊まってほしい、と説明する。そうすれば、「いのちのバトン」がつながっていく。

がんで余命3か月と言われ、ひとりで横浜からやってきて1年8か月暮らした男性は、ベッドがあるのに床にホットカーペットを敷いて寝ていた。理由を聞くと「人の足音がして安心」という。ひとりでいいと思っていても、最後の最後は孤独にかられる人もいる。誰かがいてくれる安心感……。「かあさんの家」には、そこに暮らし暮らした80人の濃密な物語がある。

「かあさんの家」の住まいや食事などを含む利用料は、13万5000円。そこに介護保険の一部負担、おむつ代、医療費を含めると15万~19万円がかかる。ホームホスピスは、地域での必要性を感じた訪問看護師、介護福祉士など有志で立ち上げたNPO法人の運営がほとんどだが、どこも経営はギリギリで運営側の負担は軽くない。

一軒家を探すのがむずかしい都市部では、マンション型のホームホスピスも誕生した。230ページで紹介した「ケアタウン小平」との連携で東京・小平市にできた5LDKの「ホー

ムホスピス武蔵野 楪《ゆずりは》 YUZURIHA」の利用料金は、月21万〜27万円。宮崎市ではホームホスピスに対する家賃補助制度ができ、兵庫県でも開設時の資金補助を行っているが、こうした自治体はこのふたつだけにとどまっている。

市原さんをはじめ、全国でホームホスピスを運営する仲間たちは、ケアの質を守るために「ホームホスピスのケア基準」をつくっていた。その中には「地域との連携」と「地域づくり」がある。市原さんによれば、それは「閉鎖的で何をやってるかわからん、じゃなくて、地域コミュニティに根ざしたことを、地域の人たちと一緒にやっていく」ことだ。

さまざまな職業の人、病院、施設、大学、行政、そして住民がつながっている「かあさんの家」の連携ムーブメントは、『ホームホスピス「かあさんの家」のつくり方』と、その続編『暮らしの中で逝く』（両方とも木星舎）に詳しい。

ホームホスピスの全国展開を支援する日本財団では、現在、「かあさんの家」をはじめとする5か所のホームホスピスを研修場所に、6か月の「在宅ホスピス実践リーダー養成研修プログラム」を実施している。

こうした動きとともに「かあさんの家」では、退職ナースが自宅での看取りを支援する「看取り寄り添いボランティア」や、在宅看取りに特化した訪問看護ステーションを準備中だ。こうした動きが全国に広がっていけば、ひとり暮らしでも自宅で死ねる環境が整ってくる。

自宅をそうしたホームホスピスに提供し、自分もそこで看取ってもらうことができたら……。そんな考えをもつ人もこれから増えてくるかもしれない。実は私もそんなおひとりさまのひとりだ。

◎ホームホスピス宮崎「かあさんの家」 http://www.npo-hhm.jp/mother/
宮崎市恒久2－19－6 ☎ 0985－53－6056
◎ホームホスピス武蔵野「楪ＹＵＺＵＲＩＨＡ」 http://yuzuriha-hhm.wix.com/yuzuriha
東京都小平市学園西町2－12－19アスティス松島1階 ☎ 042－315－8152

あとがき

私の〝おひとりさま〟シリーズも、これで5冊目になる。こんなに長くなろうとは夢にも思わなかったが、1冊書き終わると、「あれも書き残した、これも書き残した」という思いがいくつも残り、それが次の本につながってきた。

2年前に出版した『おひとりさまでも最期まで在宅』では、医療や介護を受ける当事者の目線で在宅医療と介護の連携の現状とその可能性について紹介したが、訪問診療医や看護師に同行取材をしているうちに気になってきたのが、高齢期の「住まい」のことだった。

家族に囲まれた富裕層のお宅から、生活保護のおひとりさまの住む古くて狭いアパートまで、さまざまな「住まい」を訪ねた。ゴミ屋敷化した老々介護のお宅もあったし、糖尿病の悪化で歩けなくなり、エレベーターのないマンションの4階から降りられなくなってしまった人もいた。いっぽう、医療・介護と後方支援を整え、「あとはお迎えを待つばかりよ」と微笑むがん末期のおひとりさまもいて、人の老いや死に向かう姿に接しながら「終の住みか」について深く考えさせられた。

自宅以外の「住み替え場所」について考える機会もあった。10年来、介護のキーパーソンと後見人を務める認知症の友人に、老後資金と自宅生活の限界がやってきたからだ。有料老人ホームをはじめとする高齢者住宅か、それとも特養やグループホームなどの介護施設か。自宅を売却した老後の資金内で彼女らしく暮らせる場所を探しながら、それぞれの「住み替え場所」の現状もじっくり学ばせてもらった。

2012年の医療・介護のダブル報酬改定を契機に、国は「社会保障と税の一体化」を打ち出した。そして、約700万人の団塊世代が後期高齢者になる2025年に向けて、膨れ上がる医療費と介護費を削減するために、これまで8割の日本人が「死に場所」としていた病院のベッド数を減らし「在宅復帰」を推進する、「在宅シフト」への舵を切った。しかし、それから2年のあいだに社会保障政策は後退し、医療と介護の効率化と利用者の負担増加は「あれよあれよ」とばかりに進んでいる。

ここで大きな課題となっているのが、高齢期の「住まい」と「死に場所」だ。「在宅」の選択肢としては、自宅、有料老人ホームをはじめとする高齢者住宅、認知症グループホームがあるが、自宅では家族の介護負担、高齢者施設ではケアの質などの問題があり、介護を支える介護職員も在宅医療を支える訪問看護師も、圧倒的に足りていない。

そうした中で、私たちが安心して自分らしく死ねる場所を見つけるには、これまでのような「おまかせ」ではなく、自分なりの「住まい方」と「しまい方」をおのおのが考えながら、現状を変えていくための知恵を当事者・住民の視点から出していく必要がある。本書は選択肢の実情に迫りながら、そんな思いも込めて書いた。

医療や介護をテーマに書き始めてから、時折、ふっと思い出す光景がある。

「ぼくらは老人ホームでギターを弾きながら、みんなでビートルズを合唱する、最初の世代になるかもしれないね」

雑談中にそう語ったのは、仕事の打ち合わせで何度か診療所を訪ねた「ザ・フォーク・クルセダーズ」のメンバーで、精神科医のきたやまおさむさんだ。どんな流れでそんな話になったのか記憶にないが、団塊世代の私たちは当時まだ30代。「歌うのは『イエスタディ』でしょうか」と笑い合ったが、老人ホームなどまだまだ遠い先のことだと思っていた。

だが、いつの間にか、私たちも前期高齢者の仲間入り。周囲には「おやじバンド」を組む退職組も多いので、老人ホームやデイサービスにフォークやロックの歌が響くのは、そう遠いことではないだろう。そのときに、私たちを取り巻く介護状況はどうなっているのだろうか。

今回もまた、多くの方のお世話になった。文中に登場くださった方々ばかりではなく、さまざまな内情を聞かせていただいた高齢者住宅、施設、医療機関の関係者の方々、それぞれの「終の住みか」探しの物語を聞かせてくださった方々。皆さんのご協力がなければ、この本は完成しなかった。

編集を担当してくださった築地書館の北村緑さん、装丁の吉野愛さん、装画を描いていただいた近藤祥子さん、ありがとうございました。

高齢者ばかりでなく、子どもも障害者も自分らしく暮らせる、コミュニティヘルスのあるまちづくりを願って。

２０１５年１月

中澤まゆみ

【著者紹介】

中澤まゆみ

1949年長野県生まれ。雑誌編集者を経てフリーランスに。人物インタビュー、ルポルタージュを書くかたわら、アジア、アフリカ、アメリカに取材。『ユリ――日系二世NYハーレムに生きる』（文藝春秋）などを出版した。その後、自らの介護体験を契機に医療・介護・福祉・高齢者問題にテーマを移し、『おひとりさまの「法律」』、『男おひとりさま術』（ともに法研）、『おひとりさまの終活――自分らしい老後と最後の準備』（三省堂）、『おひとりさまでも最期まで在宅』（築地書館）を出版。

今回は、「住まい」をテーマに、徹底した取材で本書を執筆。豊富な事例をもとに、本人と家族の視点でガイドした。

おひとりさまの終《つい》の住みか

自分らしく安らかに最期まで暮らせる高齢期の「住まい」

2015年2月10日　初版発行
2016年1月29日　2刷発行

著者　中澤まゆみ
発行者　土井二郎
発行所　築地書館株式会社
東京都中央区築地7-4-4-201　〒104-0045
TEL 03-3542-3731　FAX 03-3541-5799
http://www.tsukiji-shokan.co.jp/
振替00110-5-19057
印刷・製本　シナノ印刷株式会社
装丁　吉野愛
装画　近藤祥子

ISBN 978-4-8067-1489-7　C0036